データが語る ③
家庭・地域の課題

団らん・しつけ・地域の力を徹底検証

河村茂雄

図書文化

まえがき

　教育改革の必要性が声高に叫ばれ，さまざまな改革案が提案されています。しかし，多くの改革案はその理念や意義は説明されているのですが，それを支える実証的な根拠の乏しいものが多いことを，私は危惧しています。そこで，深刻化する現在の学校教育問題について，より建設的に多くの人々が議論し合うための一つの資料として，私の研究室の研究結果を緊急に発表してきました。

　本書のもとになったデータは，先行して刊行した第1, 2巻と同様です。筆者が開発した「学級集団アセスメントQ－U」が開発されて10年目にあたり，その臨床的妥当性の検証と，Q－Uをリニューアルした hyperQ－U の開発も意図して実施された，2005年から2006年上旬にかけて行った，のべ5万人の児童生徒を対象とした大規模な調査研究です。

　第1巻では，学校教育の有効性は学級という集団の状態，つまり学級集団という教育環境の質がとても大きな影響を与えていることを，いじめ問題と学力の問題に言及して問題提起しました。

　第2巻では，子どもたちの実態を分析して，大きく以下の2点を提起しました。

- 教育改革の議論では，すべての子どもに対する対応と，一部の特別な指導・援助が必要となっている子どもへの対応，さらに，両者の関係性から生じる問題への対応を混同して議論すること

は危険であること
- 学力問題と心の育成の問題は統合されて教育されることが必要であること

　そして第3巻である本書では，家庭教育と地域での社会教育に焦点を当てました。

　子どもの教育には家庭教育や地域での社会教育が重要であると言われていますが，いろいろな審議会で提案される内容は，昔効果的だったと言われている対応の復古や，現在の家庭や地域の状況からかけ離れた理想論が多いのではないでしょうか。「言われていることはわかる。だけどそれができないから困っている」と思うのは私だけでしょうか。

　そうではなく，どのような対応が子どものどのような発達に影響を与えるのか，どのような対応を行っていくことが効果的なのかが示され，「これだけは意識して取り組みましょう！」と言われれば，多くの人が第一歩を踏み出せると思うのです。

　本書は，学力と心理・社会的な発達が両立して良好な子どもたちを抽出して，そういう子どもたちはどのような家庭生活を送っているのかを分析し，家庭教育で不可欠な要素を問題提起したいと思います。さらに，子どもたちの住む地域の特性から，各地域の社会教育には何が必要なのかを明らかにしたいと思います。

　子どもたちの健全な育成を願うのは社会全体の念願です。しかし，教育問題が多発して多くの人が疲れてくると，さまざまな問題を冷静に分析して，問題解決につながる取り組みができなくなります。教師が悪い，親が悪いと犯人を探し，そのための対策に焦点が向かいがちになります。そのような対策は，ほんとうに現状の問題を解決できるのでしょうか。

まえがき

　子どもたちの健全育成を願う多くの人々が議論し合うことで，現在のすべての子どもたちがより楽しく充実した生活が送れ，一人の人間として責任をもって社会に自分らしく生きていける人間に育っていくように，教育改革が行われることを願ってやみません。

　本書にご協力いただいたみなさまに感謝申し上げます。調査にご協力いただいた日本教育カウンセラー協会ならびに（財）応用教育研究所。実際に回答をいただいた学校ならびに先生方と児童生徒のみなさん。夜を徹して複雑かつ膨大なデータ分析を地道に進めてくれた都留文科大学講師の武蔵由佳さん。そして岩手大学時代から現在の都留文科大学にいたるまで共に歩んでくれた河村研究室のみなさん。企画立案から編集までお手伝いいただいた図書文化社の村主典英常務と出版部の東則孝さん。フリー編集者の辻由紀子さん。ありがとうございます。

　最後に，いつも私の研究活動を応援し，見守ってくださっている恩師の國分康孝先生・久子先生に深く感謝を申し上げます。

　平成19年4月

都留文科大学大学院教授
博士（心理学）　河村　茂雄

『データが語る③　家庭・地域の課題』目次

まえがき　3
調査の方法　8

第1章　子どもの家庭生活　………9

- ① 食事中はテレビを消すべき？　10
- ② わが家は？ よそのお宅は？ いまどきの子どもの生活習慣　14
- ③ 日常生活はルーズでも学習意欲を高められる？　18
- ④ 小学から中学で半減する学習意欲を持続する方法は？　20
- 提言　会話の質・生活の質が大事。形ではなく，中身の充実を！　22

第2章　家庭が子どもに及ぼす影響　………25

- 視点　「子どもの成長に欠かせない家庭のあり方」を知るには　26
- 視点　家族に対する子どものどんな思いに注目するか　30
- ① 子どもは家（家庭）を楽しいと感じているか　家族への愛着・絆　32
- ② 自分は家族にとってかけがえのない存在か　家族への愛着・絆　34
- COLUMN■ しっかり伝えよう「かけがえのない存在」であることを　38
- ③ 思春期の子どもは親をどう思っているか　家族への愛着・絆　40
- ④ 困ったことは親に相談するか　家族への愛着・絆　44
- ⑤ 親が言うことをきかせようとしてはいけないか　養育態度　46
- ⑥ 親は自分の都合で態度が変わるか　養育態度　48
- ⑦ 家族はどんなことでも話し相手になってくれるか　養育態度　50

- ⑧ 親子で友達の話をしているか　**養育態度**　52
- ⑨ 自分は親に期待されているか　**養育態度**　54
- ⑩ 親は相手(夫婦)のグチを子どもの前で言っているか　**家庭の雰囲気**　56

　COLUMN■家族で図書館や書店に行こう　58

第3章　タイプ別 子育ての傾向と対策 ……59

視点　意欲の4タイプにみる子どもの心の成長　60

- ① 両立タイプの子をもつ家庭の特徴と対応策　66
- ② 学習偏りタイプの子をもつ家庭の特徴と対応策　72
- ③ 友人関係偏りタイプの子をもつ家庭の特徴と対応策　78
- ④ 意欲喪失タイプの子をもつ家庭の特徴と対応策　84

　**COLUMN■友人関係偏りタイプはフリーター，
　　　　　　学習偏りタイプはニートに!?　90**
　COLUMN■楽しい学校生活を送るためのアンケート Q-U　92

第4章　地域が子どもに及ぼす影響 ……93

- ① 子どもは近所の人にあいさつをするか　**子どもの地域生活**　94
- ② 地域の行事に参加しているか，楽しいと思っているか
　　　　　　　　　　　　　　　　　　子どもの地域生活　96

視点　子どもへの影響をみるために地域をどうタイプ分けするか　100

- ③ 地域によって子どもの特徴に差があるのか　**地域の影響**　104
  - 【タイプ1】地方　106　　　【タイプ2】「地方より」の地域　108
  - 【タイプ3】「都会より」の地域　110　【タイプ4】都会・都心　112

終章　子どもたちの現在，学校・家庭のこれから ……114

調査の方法

○調査の時期
2004年，2005年10月～2006年1月
（調査は，新年度から半年以上が経過した段階で行っています。これは，半年以上たたないとほんとうの学級の状態はみえてこないためです）

○調査地域
東北地方，関東地方，中部地方，北陸地方

○母数
小中学生約5万人

○調査方法
- 対象とした児童生徒に，Q-Uの全項目とその他の質問項目の一部を組み合わせた質問紙を実施。そこから有効回答を抽出した。
- Q-Uに関する項目は全対象から，各種標準化検査・生活実態調査などに関する項目は約3万人から，学力と集団状態の関係などに関する項目は約2万人から回答を得た。
- 児童生徒を対象とした上記調査と同時に，教師に対するアンケートを行った。

○調査に使用した尺度
(1) 河村茂雄「学級生活満足度尺度」「学校生活意欲尺度」
『楽しい学校生活を送るためのアンケートQ-U』図書文化
(2) 河村茂雄「ソーシャル・スキル尺度」
(3) 辰野千壽ほか著「全国標準学力検査NRT」図書文化
(4) 高野清純ほか著「POEM（児童生徒理解カード）」図書文化
(5) 石田恒好ほか著「教研式サポート（学級支援システム）」図書文化
(6) ローゼンバーグ「自尊感情尺度」ほか，いじめの有無，いじめの態様，ストレスコーピング，友人関係，家庭生活を問う項目など

第 1 章

子どもの家庭生活

Question 1 食事中はテレビを消すべき？

「テレビを消す・消さない」の問題ではなく，要は食事どきの「会話の質」。

「いまどきの子どもは……」。

多くは，昔と比べてよくないという意味合いで使われる言葉です。では，ほんとうのところはどうなっているのでしょうか。

子どもたちが一日の3分の2を過ごす家庭での様子から，いまどきの子どもの現実を探ってみましょう。

テレビをつけたまま食事している家庭は8割

「テレビを消して家族の団らんを！」とは，家庭教育の問題が語られるときに，よく耳にする言葉です。

では，食事のときにテレビをつけている家庭の割合は，実際にどのくらいなのでしょうか。

右のグラフを見ると，「まったく消さない」「あまり消さない」の割合を合わせると，8割前後の家庭でテレビはつけたまま食事をとっている現状がわかります。この現状をあなたはどう考えますか。

親御さんであれば，「うちだけではなく，ほかの家庭もテレビをつ

第1章 子どもの家庭生活

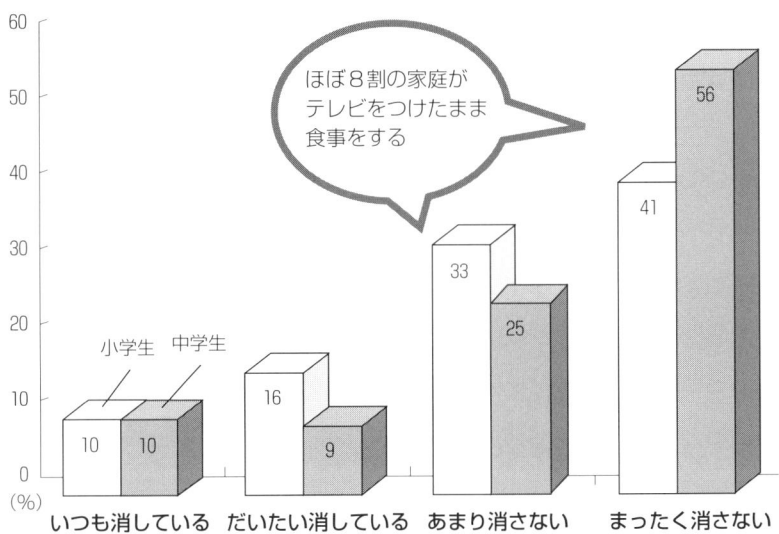

Data 1 食事のときにテレビを消していますか

けているのね。でも，やっぱり食事中はテレビは消すべきなの？」。

　教育関係者であれば，「食事中にテレビをつけている家が8割もあるのでは，会話が少なくなるのも当然。テレビを消して団らんを増やすべきだ」……。そんなふうに思われる方もいるでしょう。

　けれど，テレビを消せば，ほんとうに家族の団らんは増えるのでしょうか。私（河村）の失敗談をもとに考えてみましょう。

テレビを消せば，一家団らん？

　わが家も多分にもれず，食事中にテレビをつけています。ある日の夕食時，当時中学生だった息子が，私の呼びかけに答えなかったことがあります。そのとき私は，思わずテレビのスイッチを切りました。

すると息子は大急ぎで食事を終わらせて，自分の部屋に駆け込んだのです。そう，テレビ番組の続きを見るために。

　「テレビは一家に一台」が普通だった私たちの子ども時代であれば，テレビを消すことで家族のコミュニケーションが生まれたかもしれません。けれどいまは，一家にテレビが何台もあるのがあたりまえの時代です。そんな中，「さあ，食事のときはテレビを消して，みんなで楽しく話をしよう！」と親がいくら意気込んだところで，子どもはシラッとするばかり。さっさと食事をかき込んで自分の部屋に行き，テレビ番組の続きを見るのが関の山でしょう。

　いままでずっと食事中にテレビをつけていた家庭で，急に「テレビを消して一家団らん」は，いまの子どもたちには"濃すぎる"のです。

要は食事中の「会話の質」

　かといって，私はテレビを見ながら食事することを勧めているわけではありません。子どもと一緒にお笑い番組を見て，ただ笑っているだけ，という「一家団らん」もいかがなものかと思います。

　逆に，食事中にテレビを消している家庭が，和気あいあいとしているとは限りません。会話がなく黙々と食べている家庭もあるでしょうし，「この前わからなかった算数の問題は解けた？」「今度の模試はいつなの？」と学習に関する話題ばかりを投げかけられ，子どもが窮屈な思いをしている家庭もあるでしょう。

　つまり，私が言いたいのは，食事中にテレビを消すか消さないか，ということが問題なのではなく，食事中の家族の「会話の質」が重要だということなのです。

団らんの中で，親が生き方や価値を語る

　2章では，子どもを4つのタイプに分けて詳しくみていきますが，4タイプのうちの，友人関係も学習に対しても意欲的に取り組んでいる「両立タイプ」の子をもつ家庭では，食事中や団らんのときに，多くの会話のやりとりがあります。その中で親が自分の生き方や価値観にかかわる話もしているのではないかと，私は推察しています。

　例えば，子どもと一緒にテレビドラマを見ながら，「お父さんは，この2人のうち，右側の男の生き方のほうが好きだなあ。一本筋が通ってるって感じでさ」などと，ドラマを通して自分の人生観・価値観に通じる話をしているのではないでしょうか。

　学校・職場での出来事，友達や趣味の話，スポーツ，ドラマ・タレントの話，さまざまな会話のキャッチボールの中で，親が子に対して等身大の自分を自然に出しているのではないかと想像します。

　そうした親との会話を通して，親の生き方にふれ，子どもたちも知らず知らずのうちに自分自身の生き方と照らし合わせる作業をしているのかもしれません。楽しい会話の中に，親の価値観・人生観を学ぶ。しかも親からの押しつけではなく，自然に学んでいるというのがポイントです。

　私が，テレビをつける・つけないは問題ではない，会話の質が大事なのだというのは，こういうことです。

Question 2 わが家は？ よそのお宅は？ いまどきの子どもの生活習慣

「そこそこできている」子が全体の半分。
できている：そこそこ：できないの割合
は2：6：2。

8割が朝ご飯を食べている

「いまの子どもには，基本的な生活習慣が身についていない」とよく言われます。親御さんには耳の痛い言葉かもしれません。

では，実際のところ，子どもの生活習慣はどうなっているのか，みてみましょう。

まずは「朝ご飯」についてです。「朝ご飯を食べない子が増えている」といわれますが，小学校・中学校ともに，およそ80％の子どもたちが「毎日食べる」と答えています。逆に「ほとんど食べない」と答えた子どもは，わずか数％です。

重要なのは「生活における自律性」

この結果について，「食べない子が増えているといっても，結構みんな食べているんじゃない」という印象をもたれた方は多いでしょう。

Data2 朝食を食べていますか

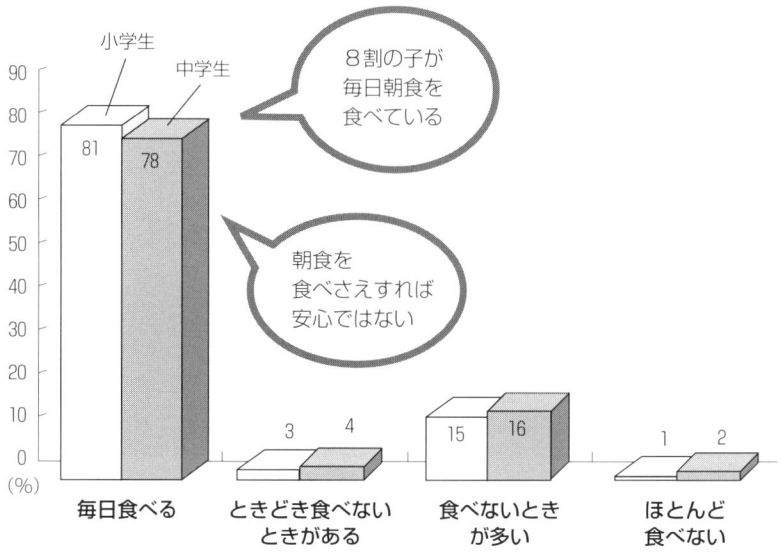

　さきほど私は，食事中にテレビを消す・消さないは問題ではなく，食事中の「会話の質」が大事だとお話ししました。朝食を含む朝の様子に関しても同じことがいえます。重要なのは「生活における自律性」だということです。

　「早く起きなさい！」と親に布団をはがされてしぶしぶ起きる。眠い目をこすりながら親が用意してくれた服に着がえて，顔を洗い，食卓へ。食パンをひと口かじり，「遅刻しちゃう」と玄関を飛び出して学校へ……。こんな子どもたちは，多いのではないでしょうか。

　小学校高学年になっても，親に起こしてもらったり，着がえの用意をしてもらったりという状態では，「生活習慣」ができているとはいえません。

生活習慣が身についている子どもは，全体の２割

　さて，そのほかの基本的な生活習慣についてのデータも，簡単にあげておきます（子どもの基本的な生活習慣についての詳細は，拙著『データが語る②　子どもの実態』をご覧ください）。

　朝起きるときの様子について聞いたアンケートでは，「決められた時間に自分で起きる」と答えた子どもは小学生で16％，中学生で22％でした。中学生になって増えるのは，自分で自分のことを統制できるセルフコントロールが高まるからと考えられます。しかし一方で，中学生では，家族に何度も起こされなければ起きられない子どもも増えています。

　このほか，「家でおはよう・おやすみなさいなどのあいさつをするか」の質問に，「しないこともある」「しないほうが多い」と答えた小学生が約25％いました。中学生ではこの割合が約40％に増えています。さらに，寝る時間が決まっている小学生は約25％，家でのお手伝いがきちんと習慣化されている小学生は約20％でした。

　このように，「朝食を食べるか」「朝，家の人に起こされなくても起きられるか」「家であいさつをするか」といった項目で，子どもたちが基本的な生活習慣を身につけているかを総合的に考えてみますと，以下のようになります。

- 基本的な生活習慣が身についている子どもは全体の約２割
- そこそこできている子どもが約６割
- 身についていない子どもが約２割

　親世代の子ども時代からみると，だいぶ落ちていると考えられます。

「家が楽しい」という環境の中で生活の質を高めよう

　いまのデータをみて、どう思われたでしょうか。

　「うちは朝ご飯を食べさせているから」と安心するのは早計です。子どもの基本的な生活習慣、全般を振り返ってみてください。

　朝のあわただしい時間帯とはいえ、きちんと栄養バランスのとれた食事をとっているか、といった食事の内容も大切です。けれど、何より着目していただきたいのは、子どもが「自分自身で、自発的に」基本的な生活を送っているか、ということです。

　自分で寝る時間を決めて床につく。朝も家族に起こされることなく自分で起きて、昨夜自分で用意しておいた服に着がえて、家族に「おはよう」とあいさつする。しっかり朝ご飯を食べたら、食器をシンクまで運び、下駄箱から靴を出して、「行ってきます」と言って出かけていく……。

　こうした基本的な生活習慣が、しっかりできているか、ということです。

　ただし、「家の中に規律があって」「家のお手伝いもして……」ということの前に、2章で取り上げる「家が楽しいと子どもが思っている」という大前提があげられます。家が楽しい、家族といるとほっとする、といった子どもをあたたかく包む環境の中で、自分の役割や自主性や社会的なマナーを養う規律がある、ということが大切なのです。

　冷たい雰囲気の中で規律だけ厳しいのでは、子どもは萎縮してしまうでしょう。逆に規律がなく自由奔放にできる家でも、我慢強さや忍耐強さといったセルフコントロールが培われないのです。

Question 3 日常生活はルーズでも学習意欲を高められる？

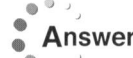

両者は相関関係。学習意欲の高い子どもは，基本的生活習慣も身についている。両者を全体的に高めていくこと。

基本的生活習慣が，学習意欲の下支えに

「子どもには，学習意欲をもって，すすんで勉強に取り組んでほしい」——これは親の共通の願いともいえるでしょう。実際，学習意欲の高い子どもは学力もよく定着していることがわかっています。詳細は，拙著『データが語る② 子どもの実態』を参照ください。

では，学習意欲と生活習慣との関係はどうなっているのでしょうか。

基本的生活習慣にかかわる「朝ご飯を食べているか」「朝起きるときの様子はどうか」「家で『おはよう』『おやすみなさいのあいさつをするか』」という3つの質問に対する答えで，生活が規則正しく習慣づいている子どもを，高・中・低に分け，それぞれの学習意欲を算出しました。学習意欲はQ-U（92ページ参照）の学習意欲に関する項目を使いました。

すると基本的生活習慣がきちんと身についている子どものほうが，小学生・中学生ともに，学習意欲が高いことがわかりました。

第1章　子どもの家庭生活

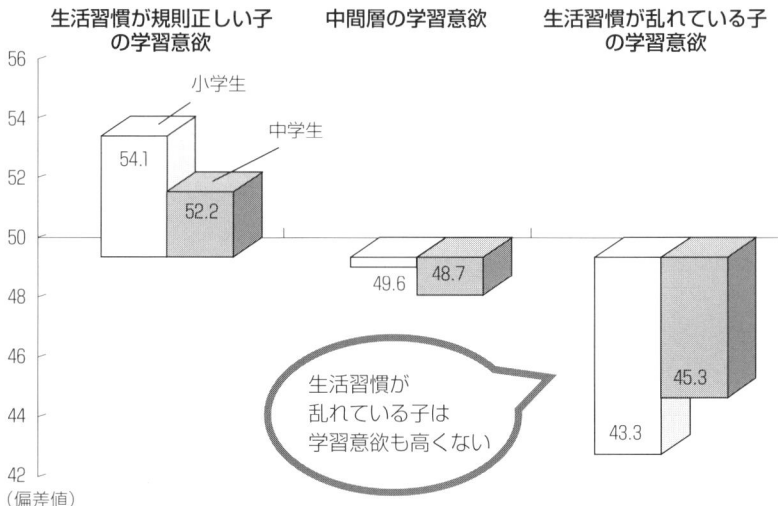

Data3 基本的生活習慣と学習意欲の関係

平均値を50に換算した偏差値。棒グラフが上に長いほど平均より高く，下に長いほど平均より低い。

　推測しますと，基本的生活習慣の身についた規則正しい生活が，学習意欲の高さを支えているのかもしれません。また，学習意欲の高い子は，セルフコントロールが高いことがわかっています（拙著『データが語る②　子どもの実態』）ので，この結果なのかもしれません。いずれにしても，この２つは非常に高い相関関係をもっています。

　逆に，生活習慣の乱れている子どもは，学習意欲も低い傾向があります。

　ですから，「うちの子は生活はルーズだけど，学習意欲だけは高めたい」というのは，無理な話だと思います。学習意欲は，日常生活におけるさまざまなことがらに対する意欲の一部。基本的な生活習慣を定着させながら，意欲的な部分をトータルに高めていく必要があるでしょう。

Question 4 小学から中学で半減する学習意欲を持続する方法は？

将来についてのビジョンをもつための学校や家庭での「キャリア教育」が大事。

将来のビジョンがみえない中学生

「よい成績を取ったり，もっと勉強ができるようになろうと努力していますか」など3個の質問で学習意欲を調査したところ，学習意欲の高い子どもが小学生で75％いました。ところが，中学生になると36％と半減しているのです（『データが語る② 子どもの実態』）。

親御さんの立場としては，とても気になるところだと思います。小学生のときの学習意欲を，中学生になっても引き続きもってほしいと願うのが親心でしょう。

では，この学習意欲の落差はどうして生まれるのでしょうか。要因は，小学校と中学校での学習のとらえ方の違いにあると私は思います。

小学生のときは，興味・関心を伸ばすことに力点がおかれ，通信簿のつけ方もはげます形が多いため，「自分はできる」と思っている子どもも多くいるでしょう。しかし，中学に上がると同時に，点数で成績がきっちり出て，いまやっている勉強が高校進学をみすえたもの

であることを，否応なしに自覚するのです。「いい高校に行くために，勉強をやらされている」と感じている子どもも少なくないと思います。

中学2年生くらいになると，「ぼくの成績はこのくらい。このまま行ったら，このあたりの高校」と先がみえてきます。高校から大学，企業へと，自分は将来何をやりたいのかビジョンがみえないまま，漠然とベルトコンベアに乗っている，あるいは「乗せられている」と感じてしまう。これは，親世代が子どもだったときも，同じような状況だったと思います。つまり，学習意欲が中学になって落ちるのは，現代の日本の進学制度がそのまま反映された結果だと私は思うのです。

そこで，いま求められているのが，キャリア（進路）教育です。

「進路意識」を家庭で育む

どんな生き方や職業があって，その中から私はこの職業につきたい，そのためにはこの学習が必要で……という将来像を子どもたちにもたせるための進路教育の重要性が語られるようになりました。学校では進路教育の一環として，職場の見学会や，多種の職業の方を学校に招いての講演会などが行われていますが，これだけでは不十分です。

大切なのは，家庭で進路について語り合うこと。これは，「こういう職業につきなさい」と親の願望を押しつけることではありません。「お父さんはこんな思いでこの仕事を選んで，こういう思いで働いているんだよ」などと，日ごろから子どもに話すことです。親の友達に自分の仕事を語ってもらうのもいいでしょう。さまざまな職業や価値観にふれ，それをヒントに子どもは将来像を描いていくのです。いまの子どもたちに必要なのは，身近なところで，等身大のモデルをいかに見いだせるかということ。それがキャリア教育になるのです。

提言 会話の質・生活の質が大事。形ではなく,中身の充実を！

■「形」ではなく「質」が大事

　1章では,子どもたちの,基本的生活習慣,学習意欲などについてみてきました。全体を簡単に振り返ってみましょう。

　まず,基本的な生活習慣では,食事中にテレビをつける・消すという形が問題ではなく,家族で食事中,あるいは団らん中にどんな会話がされているのかが重要なのです,とお話ししました。一緒に楽しい時間を過ごし,多くの言葉のキャッチボールをしながらも,その中には生き方や価値観にふれるような会話もある。そういった「会話の質」が大切であることを述べました。

　次に,「子どもが朝ご飯を食べているから安心」なのではなく,自分で朝起きて,あいさつをし,自分で決めた時間に寝る。こうした規則正しい生活が自主的に行えているか,子どもたちの「生活における自律性」が大事であることを述べました。

　さらに,基本的な生活習慣が身についている子どもは,さまざまな

ことに意欲的に取り組む傾向にあり，したがって，学習意欲も高いことをお話ししました。

小学生のときは学習意欲が高くて，中学になって落ちてしまうのをくい止めるには，自分は将来何をやりたいのか，子どもが具体的な進路意識をもてるよう，家庭でも具体的に親のモデルを通して仕事の話をしていきましょう，と提案しました。

子どもの心の発達を支える「受容感」

こうした基本的な生活習慣を身につけて，将来の進路意識と高い学習意欲をもつ。それだけでなく，日々の生活の中で，少しのことではへこたれない忍耐強さを身につけ，「きっとうまくいく！」といった自信に満ち，周りの人を大切にする思いやりの心をもって，心身ともに大きく育ってほしい……。そんなふうにわが子の成長を願っている方は多いと思います。

こうした子どもの健康な心の発達を下支えするのが，「受容感」です。受容感とは，周りの人からどれだけ自分の存在が受け入れられているかを感じている程度です。「周りの人にとって，自分はなくてはならない存在だ」と思っているかどうかです。

この受容感は，生きる力の源といっても過言ではありません。「自分はかけがえのない存在」と思ってさえいれば，苦難や逆境にあっても乗り越えていけるでしょう。自分以外の一人一人も，また，かけがえのない存在であることがわかります。したがって，自分を大切にするとともに，他人のことも大事にできます。

私がこれまでお話しした「親の価値観や進路に関する話題を子どもに話しましょう」という提案も，「子どもが受容感をもっている」と

いうことが前提です。

　つまり、「自分はこの家族から受け入れられていない」と子どもが感じているとしたら、親の言葉はプレッシャーに感じられることが多いのです。「お父さん（お母さん）は、こう思う」と、親は自分の意見として、あるいは一つの選択肢として子どもに話しているつもりでも、相手には、「こうしろ！」と意見を押しつけられているように聞こえるかもしれません。

　また、ふだん会話のない家庭で、急に「お父さんはこう思う」と言われても、これも押しつけととられかねません。ふだんいろいろな話をする中で、価値観に関する話題も出す……というのがポイントなのです。

　受容感とは、本人が受け取る感じ方であり、親や先生が思っている程度と異なる場合がありますので、「わが子には果たして受容感が育っているのか……」という見極めは、むずかしいところです。

　子どもに受容感をもたせるには、やはり親が子どもに対して、「あなたはかけがえのない存在なのだ」ということをしっかり伝えてあげることが大切になると思います。このあたりのことは、あとで詳しくお話しします。

　さて、2章では、子どもを「学習意欲」と「友達をつくろうとする意欲」の掛け合わせで4タイプに分け、この受容感を皮切りに、子どもたちの内面や家族への思いを、みなさんと一緒にみていきたいと思います。

第2章

家庭が子どもに及ぼす影響

視点 「子どもの成長に欠かせない家庭のあり方」を知るには

 **Point**

子どもを「意欲の4タイプ」で分け，各タイプの子どもが答えた家庭に関する回答から，望ましい家庭のあり方を探る。両立タイプの子をもつ家庭の特色は？

　本章では，子どもたちを「学習意欲」と「友人関係をつくろうとする意欲」のある・なしの掛け合わせで4つのタイプに分けています。そして，子どもたちの胸の内……家族に対する思い，家族は自分にどう接していると思うかについて4タイプで比べ，考察します。

子どもの成長を「学習」と「友人関係」の観点でとらえる

　そもそも，私がこの分析を試みようと思った理由は何か，そこからお話ししましょう。学校教育で柱となっているのは，学習指導と生徒指導の2本です。すると，先生が子どもたちをみる視点は，「学習に積極的に取り組んでいるか」「決まりを守っているか」といった学習意欲と規範意識が重視されることが多いものです。
　いっぽう発達心理学には，「子どもたちは人とのかかわりの中で発達していく」という考え方があります。私は，この「人とのかかわり」に注目しました。そして，学習意欲と友人関係が両立している子どもたちには，人として大きく力強く育っていくために欠かせない

第2章　家庭が子どもに及ぼす影響

「トータルな何か」が育っているのではないかと感じ，それをデータで明らかにしたいという思いを抱きました。

「学習」×「友人関係」で子どもを4タイプに

そこで，「楽しい学校生活を送るためのアンケートQ-U」（92ページ参照）の学校生活意欲尺度にある学習意欲に関する質問項目と，友人関係をすすんでつくろうとする意欲に関する質問項目で測った数値を使い，これを試みることにしました。

質問項目の例（小学校・高学年）を一部紹介しましょう。
- 学習意欲に関するもの

「学校で勉強していて，できなかったことができるようになると，うれしいと思いますか」「よい成績をとったり，もっと勉強ができるようになろうと努力していますか」など

- 友人関係づくりの意欲に関するもの

「気楽に自分のことを友達に話すことができますか」「初めて会った人とでも仲よくなりやすいほうですか」など。

この「学習意欲」と「友人関係をつくろうとする意欲」に関する項目の得点の全国平均で，学習意欲の高いグループ・低いグループ，友人関係をつくろうとする意欲の高いグループ・低いグループに分け，その組み合わせで，両立タイプ，友人関係偏りタイプ，学習偏りタイプ，意欲喪失タイプの4つに分類しました。

両立タイプの子どもは学力も心の成長も望ましく向上しています（拙著『データが語る② 子どもの実態』）。両立タイプの子をもつ家庭のあり方は，望ましいあり方として参考になることでしょう。その他のタイプでは，弱点を補う対応が有効になると考えられます。

「学習」×「友人関係」でみる子どもの4タイプ

両立タイプ

（学習意欲が平均以上×友人関係の意欲が平均以上）

学習意欲も高くて、友人関係づくりにも高い意欲をもっている子どもたちです。学級の中では、勉強もがんばるし、友達とも和気あいあいとやっていこうとします。何でもうまくできる優等生というよりは、失敗やトラブルに直面することはしばしばあっても、問題に前向きに取り組む子どもです。子どもたち全体の50％弱がこのタイプです。40人学級に17～19人います。

学習偏りタイプ

（学習意欲が平均以上×友人関係の意欲が平均未満）

学習意欲は高いけれど、友達づくりにはあまり意欲は示さないタイプです。昔はよく「ガリ勉くん」などといわれていました。休み時間は友達と遊ぶよりは、本を読んでいることを好みます。素直で脇目もふらず、コツコツとがんばる子です。融通がきかず、友達づきあいよりも先生や親のいうことを優先します。全体の10％前後、40人学級で3～5人程度。

第2章　家庭が子どもに及ぼす影響

友人関係偏りタイプ

(学習意欲が平均未満×友人関係の意欲が平均以上)

勉強よりも，友達とのノリを大事にしていて，「友達がいるから学校に行くんだ」と考えているような子どもです。学習意欲はそれほど高くないのですが，一見，明るく楽しそうに学校生活を送っています。ただクラスが変わると仲のいい友達が大きく変わります。身近な子どもとつながることで不安を解消しています。全体の25％くらい。40人学級に10人くらいいます。

意欲喪失タイプ

(学習意欲が平均未満×友人関係の意欲が平均未満)

学習面でも友人関係でも意欲をみせない子どもたちです。無表情気味で，「だる〜い」などと言って，授業にも友達との遊びにも乗ってきません。勉強ができなくても焦った様子もなく，一人でいることもかまわないという雰囲気です。このまま引きこもってしまわないか心配です。全体で20％前後，40人学級では8人くらいいます。

29

 家族に対する子どもの どんな思いに注目するか

> **Point**
>
> 家庭が心のよりどころになっていれば，子どもたちのうれしさは倍増し，悲しみは半減。家庭をよりどころにしている子どもたちの心の中は……。

素直で繊細な，いまどきの子どもたち

　「お母さんあのね，この間，学級で植えたエンドウ豆が芽を出したよ」「今日の試合，最後にぼくが裕太くんにパスして，それでゴールを決めて勝ったんだ！」──今日あった楽しい出来事を親に話す子どもたちの目は，輝いていることでしょう。

　親に話すことで，あるいは親が自分と一緒に喜んでくれることで，うれしさが倍増するかもしれません。

　でも，子どもたちの日常は楽しいことばかりではありません。

　先生にしかられた，友達にいやなことを言われた，学級で一斉に育て始めたエンドウ豆，みんなの鉢植えからは芽が出たのに，私のだけ芽が出てこない……。今日，こんな出来事があったかもしれません。

　いまの子どもたちは，私たち大人が想像する以上に，繊細で，傷つきやすい存在です。大人が「大したことはない」と思うようなことにも，傷ついたり，悩んだり，不安に思ったりします。

家庭は本来，そんな子どもたちが安心して身を寄せることができる場所です。

家庭が「心のよりどころ」になるための条件とは

家庭が子どもたちの心のよりどころになっていれば，外で少しくらいいやなことがあっても，家族の「おかえり」の声でほっと心がやわらいだり，「今日学校でね……」と今日あったいやな出来事を親に話しているうちに，自然と自分の中で問題が解決したり，あるいは「お母さん（お父さん）はこう思うよ」とアドバイスを受けて，それをもとに問題を解決することもできるでしょう。

家庭が子どもの心の居場所になるためには，子どもたちが「家が楽しい」「家にいるとほっとする」と思えること，そして「自分は家族にとってかけがえのない存在」と思えることが大前提になります。これらは，子どもたちがこれからの長い人生を強く生きていくための源ともなる，大きな要素でもあります。

本章の最初は，そんないまの子どもたちが感じている「家族への愛着・絆」について，データをもとに考えていきます。「親が好きですか」といった親御さんがドキッとするような内容にもふれていきます。

さらに，「親はあなたのことを自分の意見に従わせようとしますか」「親は自分の都合で，あなたに対する態度が変わりますか」といった「養育態度」について子どもたちがどのように思っているのか，これらを順に，さきほど説明した4タイプに分けてみていきます。

そしてこれらからわかる4タイプの子どもに応じた家庭の特色やどんなことに留意したらいいのかについては第3章でまとめて述べます。

Question 1 子どもは家(家庭)を楽しいと感じているか

家族への愛着・絆

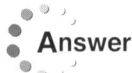

「家が楽しい」と思っている子どもは，両立タイプで76%，意欲喪失タイプはその半分に満たない。

「家庭を楽しく思っている」割合に，大きな開きが

「家は楽しいですか」。

この質問に「あたりまえ！」と躊躇することなく「とても楽しい」に丸をつけた子どもと，ため息をつきながら，「ぜんぜん楽しくない」に丸をつけた子ども。心の発達において，この差は非常に大きなものと予想されます。実際どうなのでしょうか。

「とても楽しい」と答えた子どもは，小学校では，学習へも友人関係へも意欲の高い両立タイプの子どもが76%，そのどちらの意欲も弱い意欲喪失タイプの子どもはその半分以下という結果が出ました。友人関係偏りタイプと学習偏りタイプは，ほぼ同じで48%。

思春期の中学生は「家は楽しい」と思う子どもが総体的に減っていますが，4タイプ別にみた傾向は，小学生の場合とあまり変わりません。

第2章　家庭が子どもに及ぼす影響

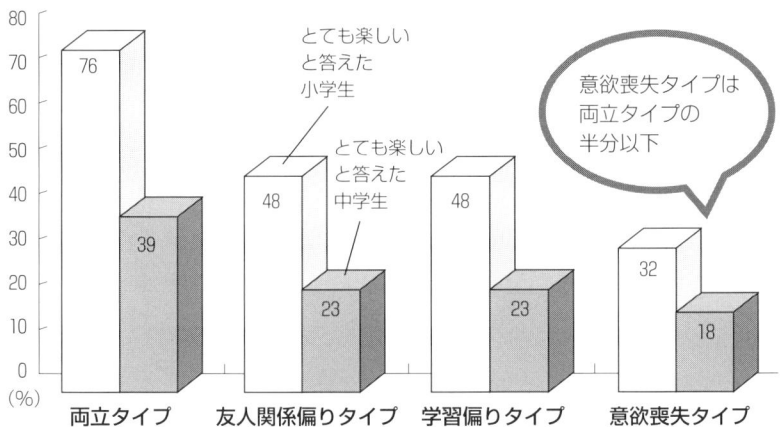

Data 1　家は楽しいですか

設問に対し，「とても楽しい」「まあ楽しい」「あまり楽しくない」「ぜんぜん楽しくない」の選択肢の中から「とても楽しい」を選んだ子どもの占める割合。

家族が心の居場所になっているか否かで子どもの格差が大きい

　グラフは出しませんでしたが，「あなたはいやなことがあっても，家族といると元気が出たり，ほっとしたり，落ち着いたりしますか」の質問に，「いつもそう」と答えた小学生は，両立タイプで35％，意欲喪失タイプはその3分の1に満たない11％，そして友人関係偏りタイプでは19％，学習偏りタイプでは28％。中学生では，両立タイプが19％，友人関係偏りタイプが10％，学習偏りタイプ9％，意欲喪失タイプ8％という結果が出ました。

　「家にいると楽しいよ！」そして「いやなことがあっても，家族といるとほっとするんだ」――家庭が，楽しい憩いの場であり，心の居場所になっていると答えた子どもの割合には，4つのタイプ別でこのような大きな差があるのです。

Question 2 自分は家族にとってかけがえのない存在か

家族への愛着・絆

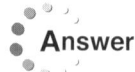

両立タイプの9割以上は「YES」！。
ほかの3タイプは友人→学習→意欲喪失
の順で，数値がじりじりと落ちている。

受容感は，両立タイプと意欲喪失タイプで20%の差

「自分は，家族にとってかけがえのない存在と思える」。

これは子どもたちの心の基盤にかかわる大きな要素です。この受容感が高ければ，これから押し寄せてくる人生の荒波は，たいてい乗り越えられるでしょう。それほど重要な要素なのです。

小学生の両立タイプは，94％，ほかの3タイプは，友人関係偏りタイプ，学習偏りタイプの順で約5％ずつ落ち，意欲喪失タイプと両立タイプでは「はい」と答えた子どもに20％の開きがあります。

中学生をみると，思春期ということから，両立タイプでも88％と小学生よりも6％落ちていますが，落ちている割合は，ほかの3タイプと比べて少ないのがポイントといえるでしょう。

逆に「かけがえのない存在だと思えない」という子をみると，中学生の学習偏りタイプの10人に2〜3人，意欲喪失タイプでは10人中4人近くの子どもがそう感じているという結果が出ました。

第2章　家庭が子どもに及ぼす影響

Data 2 自分は家族の一員としてなくてはならない人だと思いますか

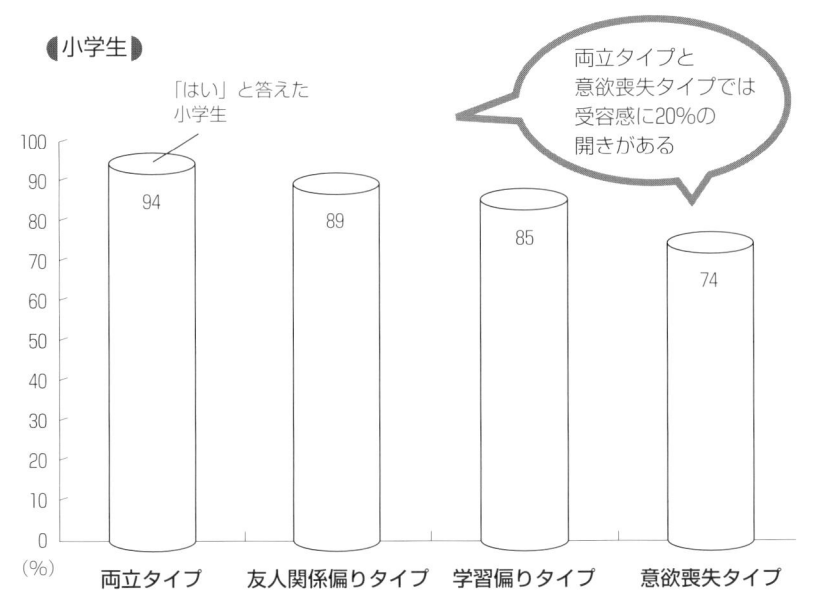

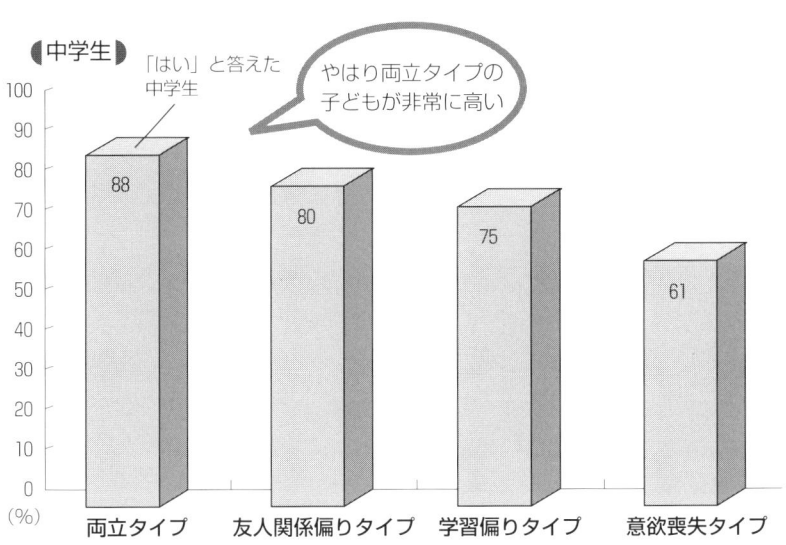

【小学生】

「はい」と答えた小学生

両立タイプ	友人関係偏りタイプ	学習偏りタイプ	意欲喪失タイプ
94	89	85	74

(%)

両立タイプと意欲喪失タイプでは受容感に20%の開きがある

【中学生】

「はい」と答えた中学生

両立タイプ	友人関係偏りタイプ	学習偏りタイプ	意欲喪失タイプ
88	80	75	61

(%)

やはり両立タイプの子どもが非常に高い

設問に対し，「はい」「いいえ」の選択肢の中から「はい」を選んだ子どもの占める割合。

「親の理解」に関しては、学習偏りタイプが意外と低い

次に、「親の理解」に関して、子どもたちがどう思っているのかみてみましょう。親は理解を示しているつもりでも、案外、子どものほうはそう思っていないという場合もあるようです。小学生と中学生で質問の仕方は違いますが、ほぼ同じ内容を聞いた項目でみてみます。

小学生の両立タイプでは、79％が「そう思う」と答えています。以下、学習偏りタイプが61％、友人関係偏りタイプが59％と拮抗し、意欲喪失タイプは両立タイプの約半分の39％となっています。

質問が違うので単純に比較はできませんが、中学生になると、やはり思春期という時期から、全体的に数値は低めです。「両親ともに自分をわかってくれている」と答えたのは、両立タイプが48％、友人関係偏りタイプが34％で学習偏りタイプが29％、そして意欲喪失タイプは23％。小学生の場合と比べると、友人関係と学習偏りの順位が逆転しています。

学習偏りタイプの子どもの家庭では、中学校に入ると、高校受験、大学進学と将来をみすえ、子どもの学習意欲や方法に対する親の助言が、さらに多くなるのではないかと想像されます。

グラフにはありませんが、中学生で「母はわかってくれている」を選んだ子どもは、意欲喪失タイプも含めて3タイプが10％前後。いっぽう学習偏りタイプは6％といちばん低くなっています。40ページで紹介しますが、父の存在感が薄い日本の家庭で、母親と子どもの関係が密になっています。「『勉強しなさい、あなたのためよ』と言うばかりで、お母さんは私のことなんてわかってくれない」……このデータから、そんな子どものつぶやきが聞こえてくる気がします。

第2章　家庭が子どもに及ぼす影響

Data3 親はあなたのことをわかってくれていると思いますか

【小学生】

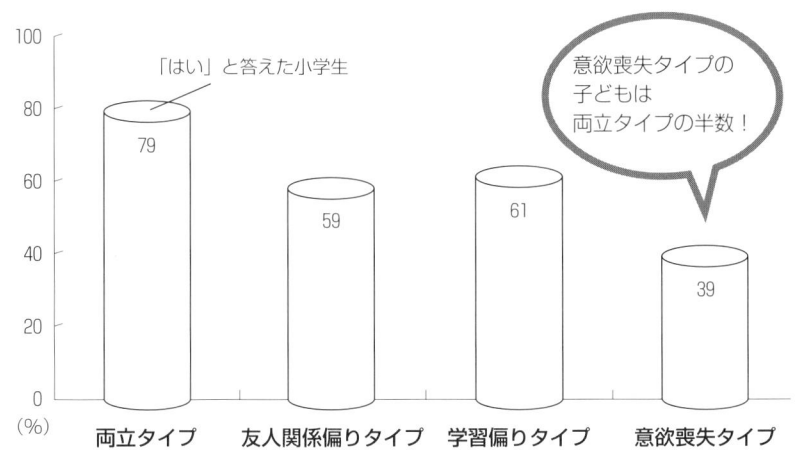

「はい」と答えた小学生

意欲喪失タイプの子どもは両立タイプの半数！

- 両立タイプ: 79
- 友人関係偏りタイプ: 59
- 学習偏りタイプ: 61
- 意欲喪失タイプ: 39

(%)

設問に対し，「はい」「いいえ」「どちらともいえない」の選択肢の中から「はい」を選んだ子どもの占める割合。

【中学生】

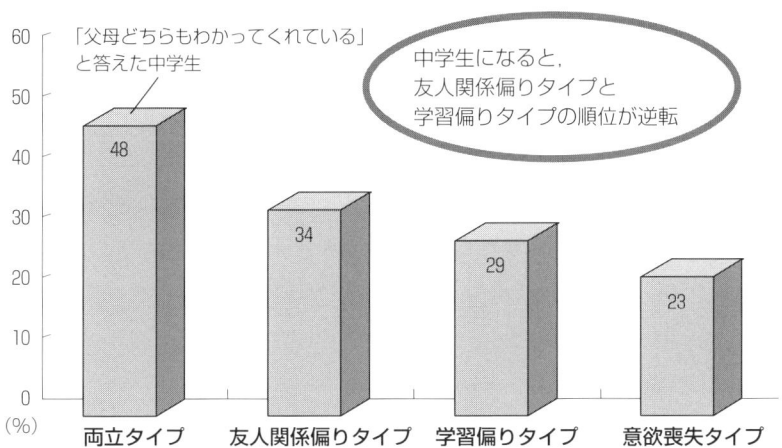

「父母どちらもわかってくれている」と答えた中学生

中学生になると，友人関係偏りタイプと学習偏りタイプの順位が逆転

- 両立タイプ: 48
- 友人関係偏りタイプ: 34
- 学習偏りタイプ: 29
- 意欲喪失タイプ: 23

(%)

設問に対し，「わからない」「母はわかってくれている」「父はわかってくれている」「どちらもわかってくれていない」「どちらもわかってくれている」の選択肢の中から「どちらもわかってくれている」を選んだ子どもの占める割合。

しっかり伝えよう
「かけがえのない存在」であることを

　高校受験の合格発表の日の出来事です。
　受験の1週間前に虫垂炎にかかってしまった私は，受験の日も体調が悪く，試験ができたか内心とても心配でした。当時の合格発表は，高校の掲示板に合格者名がはり出され，それを見に行く形式でしたが，自信がなかった私は，なかなか学校に足が向かわず，受験した高校の最寄り駅で友達と立ち話をしていました。
　すると，いまごろは自宅から離れた勤務先にいるはずの父が，なぜか目の前を歩いているのです。「オヤジ！」と声をかけると，父は（しまった，見つかったか）という顔をして，「何やってんだ，発表，まだ見に行ってないのか？……受かってたぞ。早く行ってみろ」と言って立ち去りました。
　それまでは，私の高校受験など気にとめていないそぶりを見せながら，実のところは心配で，勤務を抜け出してまで合格発表を見に行ってくれた父……。思春期まっただ中のそのころの私は，父とは距離を感じていましたが，「ああ，オヤジもおれのことを心配してくれていたんだなあ」と，しみじみ感じたことを，いまでもよく覚えています。

　みなさんにも同じような体験はありませんか。
　例えば，親に反発していた中学時代，ふと自分が幼いころのアルバムを開くと，若き父母に抱かれた写真や，「初めてのつかまり立ち！」などと親の手書きのコメントが目に飛び込んできたとき……。

第2章 家庭が子どもに及ぼす影響

COLUMN

　遅く帰宅した夜，こちらに背中を向けて新聞を読むふりをした父が「心配したぞ……」とぽつりとつぶやいたとき。ああ，自分は愛されているんだなあ，と感じた瞬間を体験された方は少なくないでしょう。

　人から自分の存在が受け入れられていると感じているか……これを「受容感」といいます。子どもの心理的発達では，受容感が非常に大切であることは，さまざまなところで語られています。しかしこれは，「本人が」受け取る感じ方であり，親や先生が思っている程度とは異なる場合があります。
　私たちが子どものころは，親の愛情表現が多少へたであっても，それなりに子どもたちに伝わっていたことが多いと思います。そんな家族の思いを糧にして，困難に立ち向かっていく。いまの親世代は，そうしたことが，まだできていたように思います。
　しかし，いまの子どもたちは，繊細で傷つきやすく，受容感をもちづらくなっています。社会の風潮などいくつもの要因がある中で，いまの子どもには，家族の愛情が，なかなか伝わりづらいと思うのです。
　「親にとって子どもは，かけがえのない存在なのは言うまでもない。あの子にだって伝わっているはず」と思っている親御さんは多いと思います。しかし，案外，親の気持ちが子どもに伝わっていないことは多いものです。
　中学生の中には，斜に構えたり，やけに大人びてくる子どももいますが，心の中は不安定でかよわいもの。ですから，「かけがえのない存在なんだ」ということを，親がしっかり伝えてあげることは，いまの子どもたちには特に必要なことだと思うのです。

Question 3 家族への愛着・絆

思春期の子どもは親をどう思っているか

Answer

「両親が好き」「お母さんは話しやすい」と答えた子どもは両立タイプで6割強。思春期とはいえ予想外に多いのでは？

「母が好き」は，学習偏りタイプが少ない

　子どもが親のことをどう思っているのか，親としてはいちばん気になるところかもしれません。親子関係がむずかしくなってくる中学生でみてみましょう。「両親が好き」と答えた子どもの割合は，両立タイプで63%と，4タイプの中で群を抜いています。

　また，大きな差ではありませんが，「母が好き」と答えている子どもの割合でいちばん低いのが，学習偏りタイプであるのが気になります。36ページの「母はわかってくれる」と思っているのが，学習偏りタイプがいちばん低かったのとも関連します。やはり熱心なあまり，子どもには少し重たく感じられるのかもしれません。

　そして，4タイプに共通なのが，「父が好き」な子どもが，「母が好き」な子どもよりもかなり少ないことです。家庭の中の父親の存在の薄さがわかります。私も，子をもつ一人の父親として，「みんなもそうか」とほっとする半面，やはりさびしい気持ちもあります。

第2章　家庭が子どもに及ぼす影響

Data 4 あなたは親が好きですか

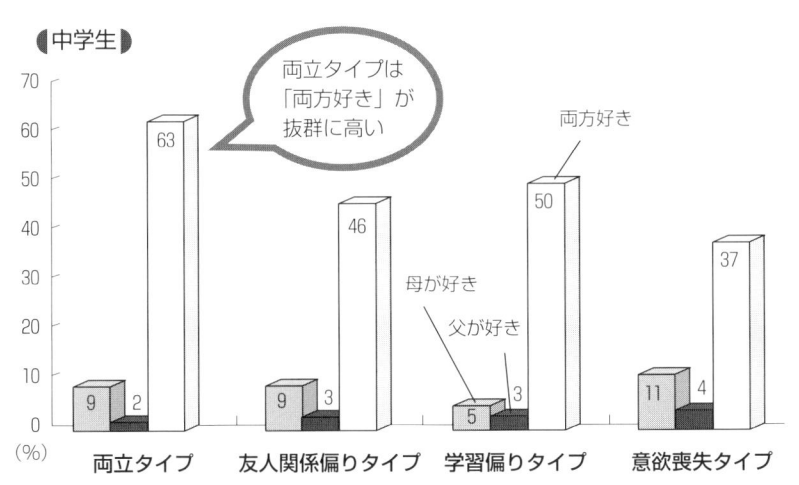

【中学生】

> 両立タイプは「両方好き」が抜群に高い

タイプ	父が好き	母が好き	両方好き
両立タイプ	9	2	63
友人関係偏りタイプ	9	3	46
学習偏りタイプ	5	3	50
意欲喪失タイプ	11	4	37

設問に対し，「両方好き」「父が好き」「母が好き」「どちらも嫌い」「わからない」の選択肢の中から「両方好き」「父が好き」「母が好き」を選んだ子どもの割合。

Data 5 あなたのお母さんは話しやすいですか

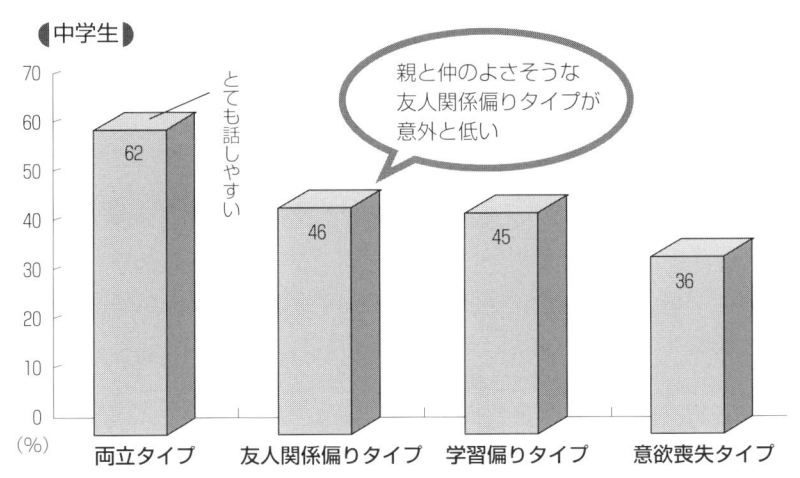

【中学生】

> 親と仲のよさそうな友人関係偏りタイプが意外と低い

「とても話しやすい」

タイプ	%
両立タイプ	62
友人関係偏りタイプ	46
学習偏りタイプ	45
意欲喪失タイプ	36

設問に対し，「とても話しやすい」「まあまあ話しやすい」「話しにくい」の選択肢の中から「とても話しやすい」を選んだ子どもの占める割合。

家に不在でも、メンタル的な部分が大きい父親の存在

　現在の日本の家庭では、父親が影の薄い存在になることは、ある意味やむを得ない部分があると思います。

　バブル崩壊後の日本社会を振り返ると、不景気時の大規模なリストラによって、サラリーマン一人あたりの仕事量は増え、それに伴い残業も多くなり、父親が家庭にいる時間も減ってしまったことでしょう。すると、どうしても「物理的な存在」としての父親の存在は薄くなります。この状況は、両立タイプもほかの3タイプと変わらないと思います。

　しかし、たとえ家にいる時間は少なくても、「心の中にある存在」が大きいのが両立タイプなのではないでしょうか。毎日早朝に出て、夜遅く帰ってくるお父さん。あるいは単身赴任していて、月に数回しか帰ってこないお父さん。でも、父親の存在が子どもの心の中に生きている。その指標となるのが、この「両親が好き」の割合に出ていると思うのです。

「親が好き」＝生き方のモデルになる可能性が

　特に、中学時代に「両親が好き」ということは大きな意味をもつと思います。単に「やさしいから好き」といったことだけではなく、親が生き方のモデルになる可能性が高いからです。

　さきのみえない日本社会の風潮の中、「どう生きていったらいいのかわからない」——そんな若者たちが増えています。こうした現状の中、いちばん身近な人である親が生き方のモデルになるということは、

人生の目的，今後の生きる道筋が立ちやすいということにつながります。逆に，嫌いな人は，反面教師にはなっても，生きるモデルにはなりません。このことは，子どもたちの将来を考えるうえでも，大切なポイントになります。

「あなたのお母さんは話しやすいですか」

「あなたのお母さんは話しやすいですか」という問いかけに対する答えを4タイプで比べた結果をData 5でみてみましょう。このデータも，中学生のものです。

ここでも両立タイプが62％と，群を抜いて高くなっています。友人関係偏りタイプは，親とも友達のように話している印象がありますが，「話しやすい」という割合は50％に満たないのも印象的です。もしかしたら，親とも自己開示（自分の気持ちや考え方などをありのまま話すこと）して接しているのは一部の子どもたちで，逆に親と話しづらいから，表面的な友達関係に流れている，ということも考えられます。

中学生は，親に反発する時期である半面，受け入れてほしいという思いも強く抱いています。さまざまなことに敏感に反応し，揺れ動く時期でもあります。

そんな子どもが思春期の時期に，「ありのままのあなたでいい」というメッセージを発しつつ，半面で相談にのり，子ども自身で解決していく力を援助している。両立タイプの子どものお母さんには，そんな方が多いのではないかと推測します。

「お母さんは，受け入れてくれる」という安心感のもと，つらいとき相談でき，一緒に悩み，考えてくれる。こうした親子関係があるか否かが，4タイプで明らかな数字として出ているといえるでしょう。

Question 4 家族への愛着・絆

困ったことは親に相談するか

Answer

小学生のときは親に相談。
中学生になると友達が頼り。

小学生は親，中学生は友人，先生がいちばん低い

「もし困ったことが起きたらだれに相談しますか」——親としてはまっさきに自分に相談してもらいたいところですが，子どもたちの本心はどうなっているのでしょうか。小学生は4タイプとも「家の人」が多く，次が「友達」。「相談しない」という子どもも意欲喪失タイプでは23％もいます。「先生」と答えた子どもが2〜5％ほどしかいなかったことは，先生としてはさびしいかぎりでしょう。

中学生になると，小学生で「家の人」と答えた割合と「友達」と答えた割合が逆転するのが特徴です。

「相談しない」という子どもは，小学生と比べると学習偏りタイプが増えて意欲喪失タイプと僅差になっています。

学習偏りタイプの子どもは，友達づきあいが苦手で，中学生になっても親にしか相談できないという状況があります。さらに，親にも相談しにくくなった子どもは，「悩みを相談できる相手がいなくなる」

第2章　家庭が子どもに及ぼす影響

Data ❻ もし困ったことが起きたらだれに相談したいと思いますか

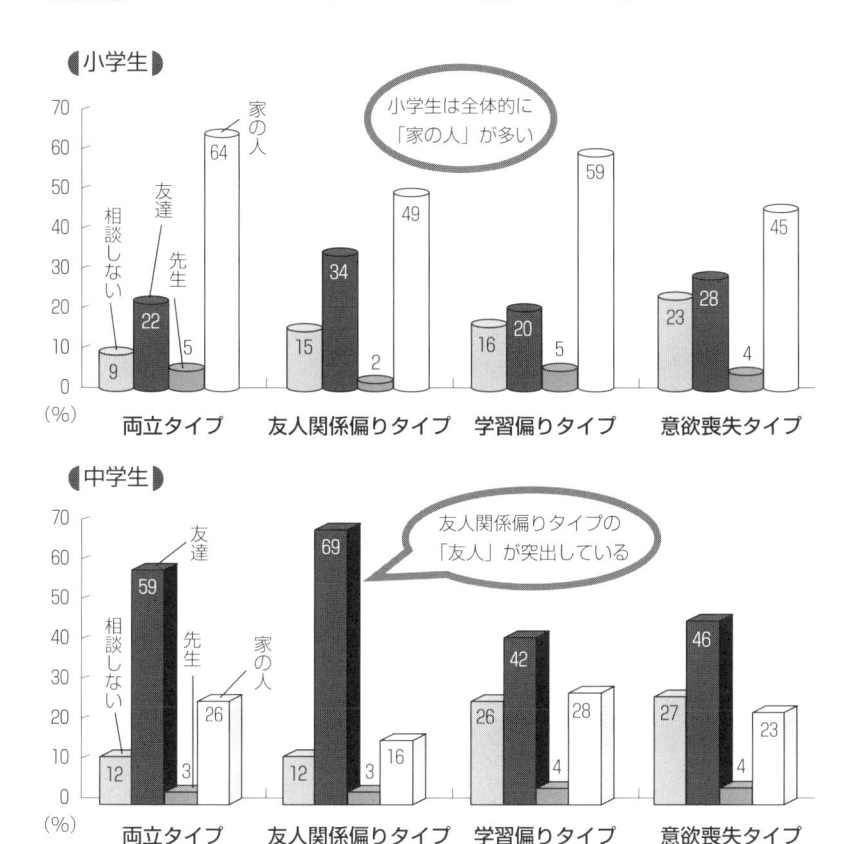

【小学生】

小学生は全体的に「家の人」が多い

タイプ	相談しない	友達	先生	家の人
両立タイプ	9	22	5	64
友人関係偏りタイプ	15	34	2	49
学習偏りタイプ	16	20	5	59
意欲喪失タイプ	23	28	4	45

【中学生】

友人関係偏りタイプの「友人」が突出している

タイプ	相談しない	友達	先生	家の人
両立タイプ	12	59	3	26
友人関係偏りタイプ	12	69	2	16
学習偏りタイプ	26	42	4	28
意欲喪失タイプ	27	46	4	23

という理由で「相談しない」子が多いといえそうです。

　友人関係偏りタイプは，文字どおり「友人」が突出しています。ただこれは，思春期の特性というだけでなく，親へは行きたくないので友人に偏るという点が，親とも友人ともバランスよく関係を保てる両立タイプとは異なるところです。友人関係偏りタイプの場合，どこかで友人関係が崩れたり，「困ったこと」がその友人関係だった場合，行き場がなくなる，という危うい状態がひそんでいます。

Question 5 養育態度
親が言うことをきかせようとしてはいけないか

Answer

両立タイプの子どもの親は、受容感のある中で、生き方の方向性を示している。小学生のうちは強く指導し、中学生になると任せる度合いが高くなっている。

「親が自分の意見どおりにさせようとする」は両立タイプが高い

「家族が自分の意見や考えどおりにさせようとする」と思っている小学生でいちばん多かったのは、意外にも両立タイプでした。推察しますと、両立タイプの親は、子どもに生き方の方向性をきちっと示しているのだと思います。そして、「親が好き」と答えている割合が高いのも両立タイプ。これを重ねて考えると、「親は自分が好きな人、信じられる人。その人の示す方向なら従おう」と思っている子どもたちの姿が浮かび上がってきます。十分に受容感を与えつつ、指導性を発揮する。これは子どもにとって、プラスに働いていると思われます。

逆に最も低いのは意欲喪失タイプです。「親が好き」な子どもがいちばん少ないのが意欲喪失タイプだったことを重ねると、好きではない相手から「勝手にしていい」という態度をとられると、「自分は気にとめてもらっていない。見放されている」と感じるのではないかと思います。

第2章　家庭が子どもに及ぼす影響

Data7 家族はあなたのことを自分の意見や考えどおりにさせようとしますか

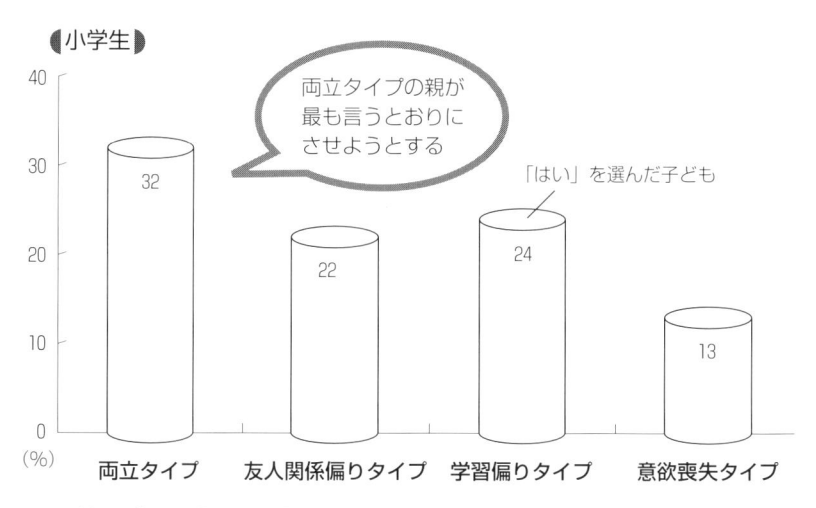

【小学生】

両立タイプの親が最も言うとおりにさせようとする

「はい」を選んだ子ども

- 両立タイプ: 32
- 友人関係偏りタイプ: 22
- 学習偏りタイプ: 24
- 意欲喪失タイプ: 13

(%)

設問に対し，「はい」「いいえ」「どちらともいえない」の選択肢の中から「はい」を選んだ子どもの占める割合。

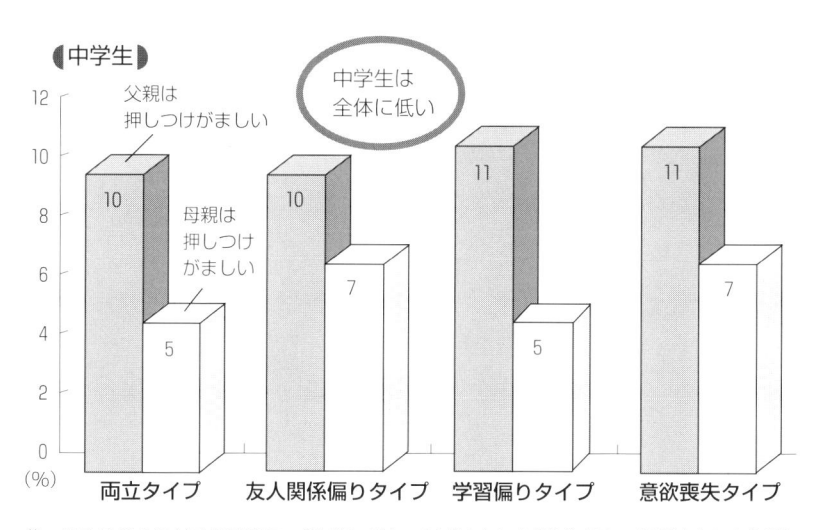

【中学生】

中学生は全体に低い

父親は押しつけがましい
母親は押しつけがましい

- 両立タイプ: 10 / 5
- 友人関係偏りタイプ: 10 / 7
- 学習偏りタイプ: 11 / 5
- 意欲喪失タイプ: 11 / 7

(%)

父・母それぞれに対する設問に，「非常に押しつけがましい」「やや押しつけがましい」「どちらともいえない」「ややいいなりである」「非常にいいなりである」の選択肢の中から「非常に押しつけがましい」と「やや押しつけがましい」を選んだ子どもの合計が占める割合。

Question 6 養育態度

親は自分の都合で態度が変わるか

Answer

親の一貫性が高いのはやはり両立タイプで5割強。

態度が一貫しているのは，やはり両立タイプ

「家族は，自分の都合であなたに対する態度が変わりますか」の質問に小学生が「いいえ」と答えた割合は，両立タイプで5割強。やはり両立タイプの子どもの親がいちばん，子どもから「一貫性のある対応をしている」と受け取られていることがわかります。

学習偏りタイプの親は，一貫性が高いイメージがありますが，実は友人関係偏りタイプよりも10％近く低く，むしろ意欲喪失タイプのほうに近いのが印象的です。

推測しますと，学習偏りタイプの親の場合，例えば，テストでいい点数が取れたときと，取れなかったときとでは親の態度が異なり，子どもにとっては，「親の都合で態度が変わる」と感じられるのではないでしょうか。

ここではグラフは出ていませんが，「家族は，気分次第で，しかったり，ちやほやしたりすることが多いですか？」の質問に，「いい

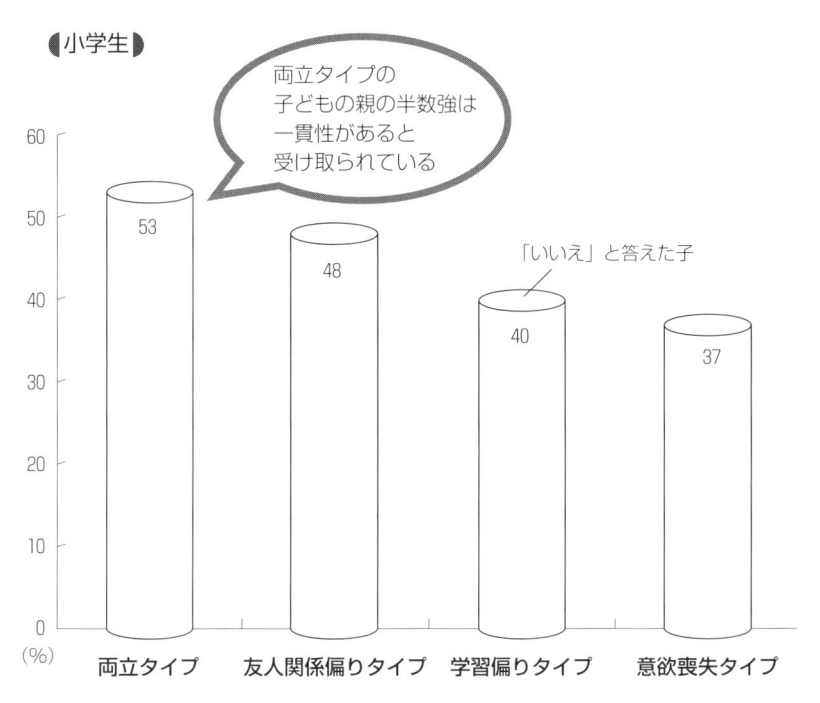

第2章　家庭が子どもに及ぼす影響

Data 8 家族は自分の都合であなたに対する態度が変わりますか

【小学生】

両立タイプの
子どもの親の半数強は
一貫性があると
受け取られている

「いいえ」と答えた子

- 両立タイプ: 53
- 友人関係偏りタイプ: 48
- 学習偏りタイプ: 40
- 意欲喪失タイプ: 37

（％）

設問に対し，「はい」「いいえ」「どちらともいえない」の選択肢の中から「いいえ」を選んだ子どもの占める割合。

　え」と答えた小学生の割合は，やはりいちばん高いのは両立タイプで51％，以下，学習偏りタイプ45％，友人関係偏りタイプ42％，意欲喪失タイプは39％の順になりました。ここでは，上のデータと比べて，友人関係偏りタイプと学習偏りタイプの順位が入れかわっています。

　友人関係偏りタイプは，「親は気分次第で，自分をほめるときとそうでないときがある」あるいは，「同じことをしても前は怒られなかったのに，今回は怒られた」などと，一貫性のない対応をしていると感じている子どもが多いことがうかがえます。

49

Question 7 養育態度
家族はどんなことでも話し相手になってくれるか

Answer

両立タイプの4人に3人は「どんなことでも話せる」。意欲喪失タイプは半分以下。

学習偏りタイプの親は，話はできるが受容的ではない

「家族は，どんなことでも話し相手になってくれますか？」の質問に「はい」と答えた小学生の割合は，両立タイプで75％。4人に3人は，家族は「どんなことでも話せる」と言っていることになります。以下，学習偏りタイプが62％，友人関係偏りタイプが58％，意欲喪失タイプが41％。

ほかの質問で「家族は，あなたがしてほしいと言えば，たいていのことはかなえてくれますか？」に「はい」と答えた割合をみると，両立タイプで41％，友人関係偏りタイプが34％，学習偏りタイプが28％，意欲喪失タイプ24％という順になりました。

この2つのデータで，学習偏りタイプをみると，「どんなことでも話せる」という割合は両立タイプの次に高いのですが，「してほしいことをかなえてくれる」の割合をみると友人関係偏りタイプより低く，むしろ意欲喪失タイプのほうに近い結果が出ました。

第2章　家庭が子どもに及ぼす影響

Data 9 家族はどんなことでも話し相手になってくれますか

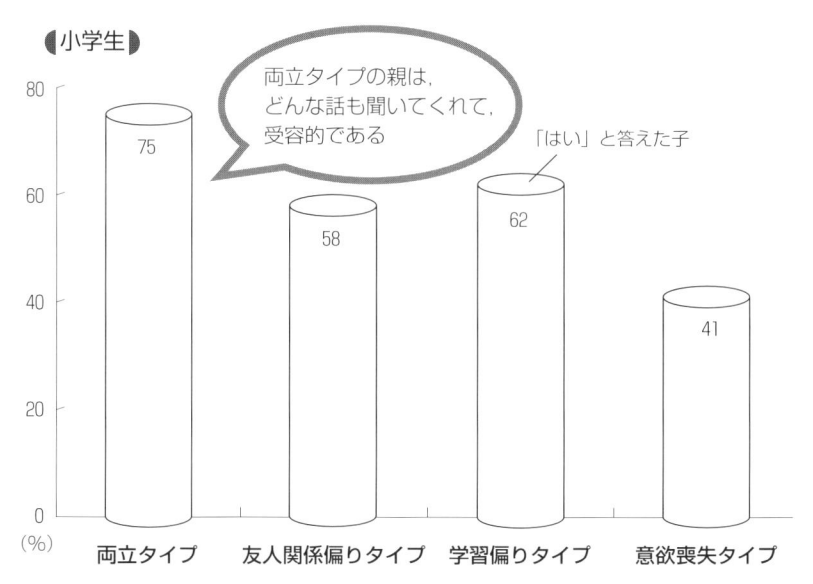

【小学生】

両立タイプの親は，どんな話も聞いてくれて，受容的である

「はい」と答えた子

- 両立タイプ: 75
- 友人関係偏りタイプ: 58
- 学習偏りタイプ: 62
- 意欲喪失タイプ: 41

(%)

設問に対し，「はい」「いいえ」「どちらともいえない」の選択肢の中から「はい」を選んだ子どもの占める割合。

「常にダメ出し」では自信は育たない

　このことから学習偏りタイプは，「親は話はできるものの，受容的ではない」「親の期待する方向でしか受け入れてくれない」と感じている傾向が強いのではないかと推測されます。

　「親が自分の願いをかなえてくれるか」ということは，効力感につながる可能性があると考えます。効力感とは，ものごとにトライするときに，「きっとうまくいく」といった実感や自信のこと。効力感が弱いと，「どうせやってもだめだ」と思って挑戦できません。子どもが「こうやりたい」と言っても常に否定されては効力感は育ちません。

Question 8 養育態度
親子で友達の話をしているか

Answer

両立タイプは、思春期になっても親に友達の話をしている割合が高い。

両立タイプの8割の親は、友達の親のことを知っている

「自分の家族は、自分の友達の親のことをよく知っていますか」。

この質問は、つまり、家で子どもが親に自分の友達のことを話していて、親自身もその友達と面識があり、かつ親同士でも交友があるかどうかを聞いています。

さて、この質問に、「よく知っている」「だいたい知っている」と答えた子どもの割合をみてみます。

小学生の場合は、両立タイプは84％、友人関係偏りタイプは75％、学習偏りタイプは72％、意欲喪失タイプは64％となっています。

対して、中学生の割合は、思春期に入ることから全体的に数値は落ちているものの、小学生と比べての減少率は両立タイプがいちばん低く78％、順に、友人関係偏りタイプは62％、学習偏りタイプは58％、意欲喪失タイプは53％です。

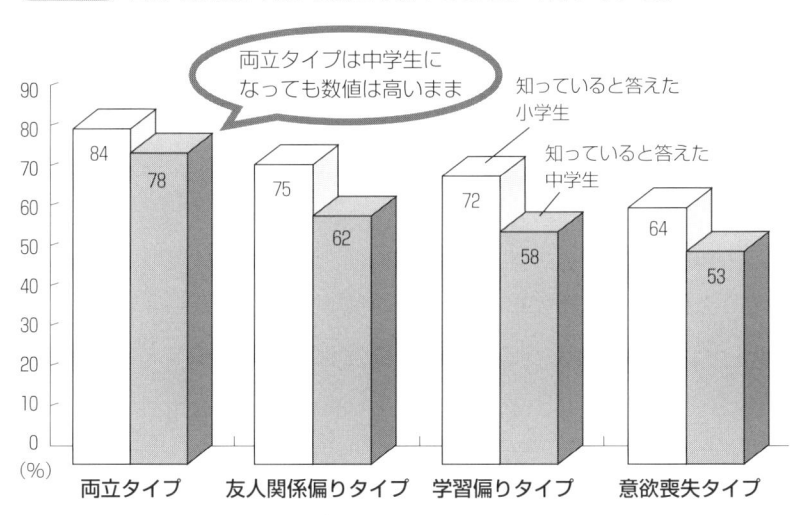

第2章　家庭が子どもに及ぼす影響

Data 10 自分の家族は自分の友達の親のことをよく知っているか

両立タイプは中学生になっても数値は高いまま

知っていると答えた小学生
知っていると答えた中学生

両立タイプ: 84, 78
友人関係偏りタイプ: 75, 62
学習偏りタイプ: 72, 58
意欲喪失タイプ: 64, 53

(%)

設問に対し、「まったく知らない」「あまり知らない」「だいたい知っている」「よく知っている」の選択肢の中から「だいたい知っている」「よく知っている」を選んだ子どもの合計が占める割合。

両立タイプの子どもは、親と友達のウエイトのバランスがよい

　「自分の親が友達の親を知っている」ということから、子どもたちが友人関係について、家で親に話をしている姿をうかがうことができます。

　中学時代は、親から離れ、友達関係を強めようとする時期です。でもそれが離れきれないのが思春期というもの。

　両立タイプは、友達のほうに行こうとしつつ、友達についても家で親に話していることがわかります。すると、「親に受け入れてもらえないから」といって友人に逃避するわけではないことがわかります。

　思春期とはいえ、友達一辺倒にならず、やはり家族と友達のウエイトをバランスよくとっているのが両立タイプといえるでしょう。

Question 9 養育態度
自分は親に期待されているか

Answer

前向きに毎日を過ごしている子どもは，親から期待されていると感じている子どもが多い。全体的に，父よりも母の期待感を強く感じている子どもが多い。

両立タイプと意欲喪失タイプには，2倍の開きが

「あなたのお父さんは，あなたにどのように接していますか」という質問に対して，中学生はどのように答えたかみてみましょう。「非常に期待している」「やや期待している」の割合を合わせると，両立タイプは53％，学習偏りタイプが40％，友人関係偏りタイプ35％，意欲喪失タイプ23％という結果になりました。

母親に対しての同じ質問では，両立タイプは62％，学習偏りタイプ50％，友人関係偏りタイプ39％。意欲喪失タイプ27％でした。

親の期待感に関しても，両立タイプと意欲喪失タイプには2倍の開きがありました。

また，どのタイプの子どもも，父より母の期待を強く感じていることがうかがえます。日ごろ子どもたちが接する時間が多いのは母親であり，40ページのように「父の存在が薄い」現状からすれば，これは当然の結果といえるでしょう。

第2章　家庭が子どもに及ぼす影響

Data 11 お父さん・お母さんはあなたにどのように接していますか
（期待について）

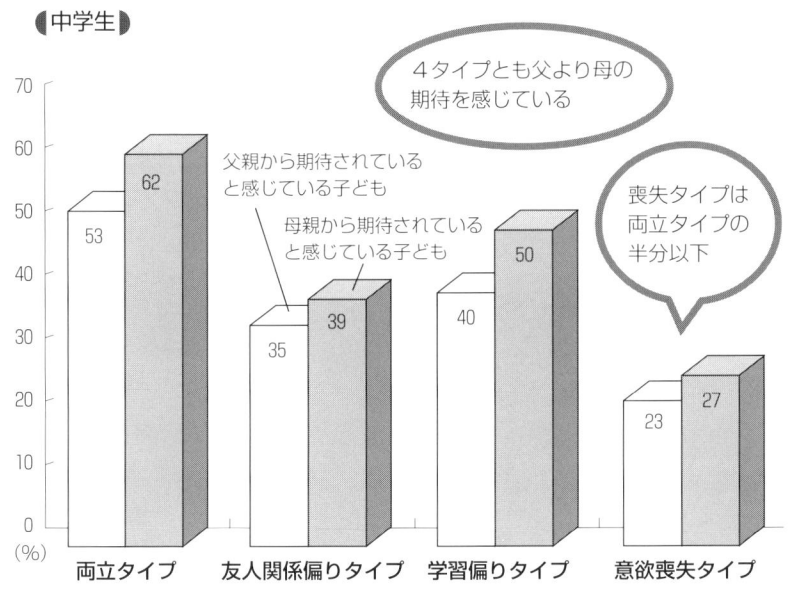

【中学生】

グラフ内注釈：
- 父親から期待されていると感じている子ども
- 母親から期待されていると感じている子ども
- 4タイプとも父より母の期待を感じている
- 喪失タイプは両立タイプの半分以下

タイプ	父親	母親
両立タイプ	53	62
友人関係偏りタイプ	35	39
学習偏りタイプ	40	50
意欲喪失タイプ	23	27

「あなたのお父さんは，あなたにどのように接していますか」「あなたのお母さんは，あなたにどのように接していますか」という設問に対し，それぞれ「非常に期待している」「やや期待している」「どちらとも言えない」「やや期待していない」「非常に期待していない」の選択肢の中から「非常に期待している」「やや期待している」を選んだ子どもの合計が占める割合。

親の期待感のとらえ方には差がある

　推測しますと，両立タイプの場合は，親子のコミュニケーションが密であり，母親の期待感は子どもに伝わっているのでしょう。「期待している」というのは，学習面だけでなく，「思いやりのある子に育ってほしい」とか「人のためになる子に育ってほしい」など，人間的な成長面に寄せる親の思いを，子どもたちは，しっかり感じ取っているのではないでしょうか。

Question 10 家庭の雰囲気

親は相手(夫婦)のグチを子どもの前で言っているか

Answer

4タイプとも大きな差はない。
「ほどほどのグチ」は円満のコツ？

親の半分は，子どもの前で夫（妻）のグチを言っている

　この章の最後は，親御さんがほっとするようなデータをご紹介しましょう。

　「あなたのお父さん（お母さん）は相手のグチを言うことがありますか」という質問を中学生にしたところ，これには4タイプで大きな差は出ませんでした。半数くらいは「あまり言わない」で残りの半分くらいは，どんな家庭でもグチを言っているのです。

　「よい父，よい母でいるために，グチを言ってはいけない」と思っている方もいると思いますが，両立タイプの子どもの親も同じようにグチをこぼしていることから，実はそうでもないといえるでしょう。

　ちなみに，「お父さんとお母さんは，言い争いをしたり，けんかをしたりすることがありますか」（中学生）の質問にも，タイプ別にあまり差はなく，「たまにある」「多い」を合わせると，36～40%の家庭で夫婦げんかをしていることを子どもに知られていることになります。

第2章　家庭が子どもに及ぼす影響

Data 12 お父さん（お母さん）は相手のグチを言うことがありますか

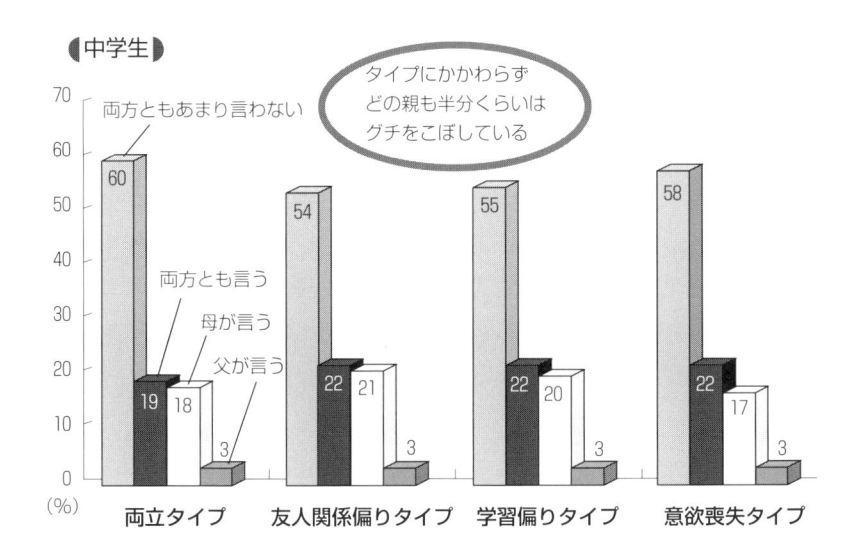

【中学生】

タイプにかかわらずどの親も半分くらいはグチをこぼしている

両方ともあまり言わない／両方とも言う／母が言う／父が言う

- 両立タイプ：60, 19, 18, 3
- 友人関係偏りタイプ：54, 22, 21, 3
- 学習偏りタイプ：55, 22, 20, 3
- 意欲喪失タイプ：58, 22, 17, 3

たまには，親の弱みを見せることも大切

　完璧な親などいません。「よい子育てをしよう」「よい親になろう」と気張らず，ある程度，グチを言ったり，けんかをしたり，そして仲直りをしたり……。そんなシーンを子どもに見せることも，子育てには必要なのではないでしょうか。

　そうした親を見ることで，子どもも「グチを言ってもいいんだ」と安心したり，「友達とけんかしても，お父さんとお母さんみたいに仲直りをすればいいんだ」と仲直りのモデルにしたりと，案外，子どもにプラスの影響を与えることだってあるのです。

　子どもが凍りつくような冷たいけんかは避けたいものですが，ほどほどのグチやけんかはよしとして，肩肘を張らないのがいちばんです。

COLUMN
家族で図書館や書店に行こう

「家族で図書館や本屋さんに行きますか？」の質問に，「ときどき行く」「よく行く」と答えた子どもの割合を比べると，ここでも顕著な差が出ました。小・中ともに，両立タイプの割合が高いのです。

図書館や書店に家族で行くというのは，自分の選ぶ本を話題にしながら，互いの価値観をわかちあったり，コミュニケーションを深めるチャンスです。

幼児のころから親子連れだって図書館に行っていると，子どもはそのうち一人でも行くようになります。日常の中に本がある生活を小さいころから習慣づけるといいと思います。

昨今，子どもたちの国語力の低下の問題がいわれています。国語力がないために算数の問題が解けない，ひいては社会人になったときに，企業のマニュアルに書いてある言葉の意味がつかめず，大きなミスをしてしまった……という話も耳にします。そうならないためにも，子どものころから文字にふれる生活習慣をつけましょう。

家族で図書館や本屋さんに行きますか

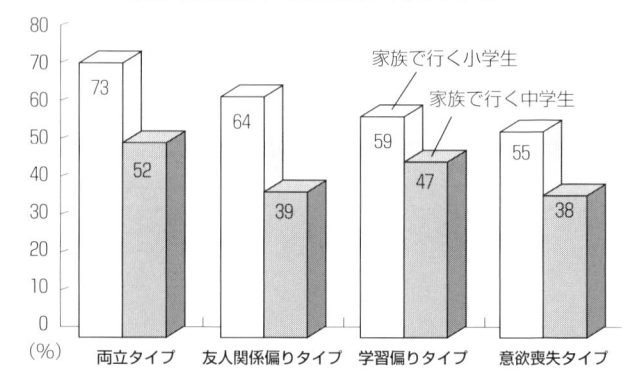

タイプ	家族で行く小学生	家族で行く中学生
両立タイプ	73	52
友人関係偏りタイプ	64	39
学習偏りタイプ	59	47
意欲喪失タイプ	55	38

設問に対し，「よく行く」「ときどき行く」「あまり行かない」「まったく行かない」の選択肢の中から「よく行く」「ときどき行く」を選んだ子どもの合計が占める割合。

第3章

タイプ別 子育ての傾向と対策

視点 意欲の4タイプにみる子どもの心の成長

Point

子どものタイプ別に家庭の特色と対応策をまとめる前に，まず各タイプの子どもの心の成長を確認する。

　さて，子どもたちの心模様について，データを通してみてきました。みなさんはどう思われたでしょうか。

　結果を振り返ってみると，やはり両立タイプが，どの質問項目に対しても，総じて子どもの成長に対して望ましい値を示しています。

　学習意欲と友人関係づくりに対する意欲，両者をバランスよくもった両立タイプの子どもたちは，「家が楽しい」と感じ，「自分はかけがえのない存在」と受容感をもち，家庭を心の居場所にしています。「親が好き」で，「家族はどんなことも相談にのってくれる」と安心し，親の期待感をしっかり受けとめています。

　「自分はかけがえのない存在だ」と自分を大切に思い，「親はどんなことがあっても自分を支えてくれる」と大きな安心感をもっている。この受容感こそが，子どもの生きる源泉になるのです。

　ですから，両立タイプには，「自ら生きていく力」をもっている子どもが多いといえるでしょう。

　さて，あなたのお子さんは，両立タイプですか？

　割合としては，クラスの半分近くがこのタイプに入るので，そうか

もしれません。しかし，親は両立タイプに育てているつもりでも，実は友人関係偏りタイプだったり，学習偏りタイプの場合もあります。あるいは，友人関係偏りタイプに近い両立タイプだったり，学習偏りタイプに近い両立タイプの場合もあるでしょう。

ここで，子どもたちの心の成長や人間関係能力などについて，少し掘り下げてみてみましょう。「うちの子は，この部分が弱い」と思いあたるところが出てくるかもしれません。

『データが語る②　子どもの実態』でも，本書と同様に子どもを4タイプに分けて，学力や心の発達，規範意識，友達関係等について分析しています。まずは，その概要からみていきましょう。

心の成長は，両立タイプだけが顕著によい

心の成長（心理・社会的発達）を示す心理特性については，両立タイプが顕著に高くなっています。本書の心理特性とは，以下のような人格の健康な発達を支える心理特性をさします（「ＰＯＥＭ〔児童生徒理解カード〕」高野清純ほか著・図書文化より）。

○受容感……周りの人から，どれだけ自分の存在が受け入れられているかを感じている程度。
○効力感……ものごとに挑戦するときの「うまくいきそうだ」「きっとできる」といった実感や自信。
○セルフコントロール……欲求を自分でコントロールして抑えたり，がんばったりできる力。我慢強さ，忍耐強さ，欲求不満耐性。
○対人積極性……自分の思いを臆することなく人前で伝えたり，自分を表現したいという積極的な気持ちのこと。

○向社会性……ほめられたり，報酬がもらえるからするのではなく，見返りがなくても他人のために自発的につくしたいという気持ち。
●不安傾向……漠然とした恐怖心や心配といった気持ちの程度。
●攻撃性……いやなことがあったとき，物を壊したり，言葉で相手をいじめたり，実際に手が出るなど攻撃的な行動に走る傾向。怒りや憎しみをもつ程度も含まれる。●印の項目は低いほうが望ましい。

両立タイプの子どもは，これらの心理特性がすべて望ましい方向にありました。つまり，受容感・効力感・セルフコントロール・対人積極性・向社会性の値は高く，不安傾向と攻撃性の値は低かったのです。
　逆なのが**意欲喪失タイプ**で，その厳しさが明るみに出ました。
　学習偏りタイプは，小学生のときは受容感が低く，中学生になると，受容感は平均値より少し上がるものの，人と積極的にかかわろうとする意欲の度合い（対人積極性）が落ち，攻撃性が高まっています。
　友人関係偏りタイプは，効力感，セルフコントロール，向社会性が低く，受容感も対人積極性もそれほど高くありません。特に小学生では，不安傾向・攻撃性の高さが目立ちます。友人関係を重視しているといっても，友達と何かに意欲的に取り組むというわけではなく，2～3人でダラダラとなんとなく過ごすという感じの子どもたちではないかと思います。

人間関係を営む技術「ソーシャルスキル」とは

　相手の気持ちに配慮したり，積極的に人とかかわろうとする，人間関係を営む技術を「ソーシャルスキル」といいます。
　ソーシャルスキルには2つの柱があります。一つは「配慮のスキ

ル」。これは例えば、何かあったときにとっさに「ありがとう」「ごめんなさい」が言える。相手の気持ちに配慮して行動できることです。

　もう一つは「かかわりのスキル」で、例えば、自分から誘ったり話しかけてみる、自分の感情を積極的に話す、など積極的に相手にかかわっていこうとするスキルです。重要なのは、「配慮」と「かかわり」、両方のスキルをバランスよくもっているということ。友達への気遣いはできても、かかわる力が足りないと、言いたいことが言えず、内側にため込む傾向が強くなり、ストレスも高くなるでしょう。

　逆に、かかわりたい気持ちが強くても配慮ができないと、周りからは「自分勝手な子」「ずけずけとものを言う子」「周りの空気が読めない子」と、とらえられることもあります。

両立タイプは、人間関係力も高い

　このソーシャルスキルに関しても、**両立タイプ**の子どもがバランスよく高く、**意欲喪失タイプ**は段違いにスキルが身についていません。

　友人関係偏りタイプは、学習よりも友達を優先するので、一見、ソーシャルスキルが高いと思われますが、学習偏りタイプとそれほど変わりません。特色としては、「配慮」よりも「かかわり」のほうに傾いている傾向がありました。これは、相手の気持ちに配慮しながらかかわっていくというよりも、その場のノリでかかわっていくような、いまどきの子どもの人との接し方が感じられます。

　学習偏りタイプは、友人関係偏りタイプの逆で、配慮はする、つまり気を遣うわりに、かかわることがなかなかできない傾向があることがわかりました。これは、受容感が低いことが背景になっているのではないかと考えられます。

ストレスをポジティブに解決できるのは両立タイプ

　人とつきあううえで，軋轢はつきものです。対人関係の中でいやなことがあったときにどう対処するのかをみてみました。
　相手と積極的に話したり，相手のいいところを探したり，自分で反省したり——と前向きに対処し，ストレスを感じてもそのストレスに上手に立ち向かい，相手をいやな気持ちにさせず，トラブルを解決できるのも，**両立タイプ**に多くみられました。
　意欲喪失タイプでは，「無視する」「その人とかかわらない」「相手のいやがることを考える」など，前向きに対処しようとせずネガティブにストレスに対処しようとする傾向が強く出ていました。
　学習偏りタイプも，同様に，ネガティブに対処する傾向が強く，**友人関係偏りタイプ**も，問題解決にむけて対処する子どもが少ないという傾向が強くみられました。

規範意識が根づいているのも両立タイプ

　「人を傷つけてはいけない」という対人関係のマナーと，「学校の係活動など，決められた仕事はきちんとやらなければいけない」といった社会的なルールを守るという二面で規範意識をみると，2つとも心にきっちり根づいているのは**両立タイプ**でした。
　意欲喪失タイプはその反対で，2つとも根づいていません。**友人関係偏りタイプ**は，社会的なルールを守ろうという意識が低く，**学習偏りタイプ**は逆に，社会的なルールには厳格なのですが，対人関係のマナーを守ろうとする意識が低い傾向がありました。

友人と幅広くつきあえるのも両立タイプ

　良好な心理的発達の条件として「何でも話せる友人が6人以上いること」が大切なことがわかっています（『データが語る②　子どもの実態』）。「何でも話せる友人が6人以上いる」という小学生は，やはり**両立タイプ**が多く，友人関係が幅広いことがうかがえます。また，苦手な子が少ないのも両立タイプでした。

　意欲喪失タイプは「友達が少なく，苦手な子が多い」傾向にあり，また**学習偏りタイプ**にも同様の傾向がみられるので，実はかなり注意が必要なのです。**友人関係偏りタイプ**には，「仲のよい子が2～3人」と答えている子どもが多く，限定された数人のメンバーで固まっている傾向が強くみられます。

　いじめの問題で，はた目から見ると，グループで仲よくしているように見えたけれど，実はその中でいじめが行われていた……ということを耳にします。大人からすれば，「そんなグループは抜けてしまえばいい」と思いますが，いじめを受けている子にとっては，「それでも一人でいるよりはいい」と感じている子がいるので，そのあたりがいじめを発見しづらい一因ともなっています。

　また，「学校の中で一人でいるのは平気ですか？」という質問を行ったところ，タイプにかかわらず過半数の子どもが，「あまり一人でいたくない」「絶対に一人でいたくない」と答えています。いまの子どもたちは，一人でいるのをほんとうにつらいと感じているのです。

　では，こうした特色をもつ子どもたちが，それぞれのタイプでどんな家庭で生活し，親にどのような対応が求められるのか，2章の結果をもとに考えていきます。

1 両立タイプの子をもつ家庭の特徴と対応策

Point

受容感と指導性の豊かな家庭。親が自分の人生を楽しみながら，自然に人生観を語っている。しかし安心は禁物。子どもの変化に注意したい。

　さて，ここからは，各タイプの子どもの特徴と，家庭・親との関係，さらに足りない部分を補うためのヒントについてみていきます。これはデータの結果のみで導き出せるものではなく，パターン化できるものでもありません。データの結果に私の推測を加え，みなさんと一緒に考えていけたらと思います。

　まず，目標としたい両立タイプの子どもの特徴，そこから推測される家庭・親の特徴をみていきます。さらに，ほかの3タイプについての特徴と，両立タイプとの違い，各タイプに足りないものをどのように補っていけばいいのか，そのヒントを「始めの一歩」として提案したいと思います。

　なお，「両立タイプの子どもの親もまた両立タイプ」というように，親子のタイプに相関関係がある可能性は高いと思いますが，必ずしもそうとは限りません。

　親は両立タイプで子どもは友人関係偏りタイプ，親は学習偏りタイプでも，子どもは意欲喪失タイプになっている場合もあります。なぜそうなるのか，文中でふれていきたいと思います。

両立タイプの子どもの特徴

○「生きる力」を下支えする受容感が高い

　学習意欲と友人関係づくりに対する意欲、両者をバランスよくもった両立タイプの子どもたちは、さきほどもお話ししたとおり、「家が楽しい」と感じ、「自分はかけがえのない存在」と受容感をもっている。これが生きるエネルギー源となっている点がいちばん大きなところでしょう。

　「受容感」――これは人が生きていくうえで、大きなキーとなります。つらくくじけそうになったときに踏みとどまれる力、大きな壁を目の前にしたとき、「大丈夫、自分なら乗り越えられる」とチャレンジする力、こうした力を受容感が下支えし、心理的にもバランスよく発達している（118頁参照）のが両立タイプの大きな特徴といえます。

　両立タイプは心理面だけでなく、行動面も優れています。「家が好き」という両立タイプの子どもの多くは、「学校が好き」と答えています。受容感の高い子は、自分も十分受け入れられているので、他人も認めることができます。ですから、少人数の特定の子どもだけでなく、自分とは違う個性をもった多くの子どもたちとも仲よくできるのでしょう。

○ストレスを前向きに対処できる

　半面、人が多く集まれば軋轢はつきものですが、そうしたストレスに前向きに折り合いをつけていこうとします。「もっと○○君と話し合ってみよう」「私も反省しなきゃいけないところがある」「○○ちゃんにはこんないいところもある」と、ポジティブに解決していこうとする力ももっているのです。

両立タイプの子どもにも，苦手な相手はいますし，ストレスもあります。けれど，それに対して逃げるのではなく，前向きに向かっていこうという意欲をもっている。その結果として，効力感とか向社会性とか対人積極性などが生まれてくるのだと思います。

○規範意識が根づき，自律的な行動をとれる

　家で「おはよう」「おやすみ」のあいさつがきちんとできるのも，両立タイプの子どもに多いのですが，家であいさつのできる子は，学校でもあいさつができます。あいさつは最低限の礼儀であると同時に，存在を確かめ合う行動でもあります。こうした日々の習慣は，良好な人間関係をつくるためにも重要なのです。

　学校や家での決まりごとを守ったり，人のいやがることはしない，といった規範意識もしっかり身についています。先生や親の見ている前では守るけれど，目の届かないところでは守らないというのではなく，「これはするべきこと」「これはしてはいけないこと」ということが自分の中に根づいているので，自律的な行動がとれるのです。

両立タイプの子をもつ家庭・親の特徴

　では，こんなふうに心理面・行動面でもバランスのとれた両立タイプの子どもたちの家族とは，どんな人たちなのでしょうか。

○「あたりまえの日常」を大切にしている

　両立タイプの家庭では，特別なことをしているわけではありません。食事をきちんととる，あいさつをする，自分のことは自分でやる……。こうした，あたりまえの日常を送っている家庭です。しかし，逆にいえば，「あたりまえの日常」を大事にしている家庭でもあるといえるでしょう。

第3章　タイプ別　子育ての傾向と対策

○親が自分の人生観・価値観を自然体で語っている

　両立タイプでも，食事のときには，テレビをつけている家庭が多いのです。テレビをつける・消すは関係なく，ほかのタイプの家庭とは団らんの中身が違うのではないかと想像します。テレビを話題にしながら，自然に親が自分の人生観・価値観を語っているのではないでしょうか。例えばドラマを見ながら，「この主人公の生き方はいいなあ」とか「この男は自分のことしか考えてないよなあ」などと，子どもと価値観を語り合うというところまでいかなくても，自然な形で，親が自分の生き方や価値観を表に出している。そんな気がします。

○親がモデルになっている

　「親が好き」な子どもが多いのは，やはり両立タイプでした。人は好きな人をモデルにしようとします。例えば，親自身が周りの人に感謝の気持ちをもって，いつも「ありがとう」と言い，自分が悪いと思ったときには素直に「ごめんなさい」と口に出している家では，子どもも自然に「ありがとう」「ごめんなさい」が言えるようになります。

　特に思春期は，親が好きであることに大きな意味があります。親が生き方のモデルになるからです。「お父さん（お母さん）みたいな人

間になりたい」。身近に生き方のモデルがあれば，子どもは生きる目標を実感としてもつことができます。

○親が方向性を示している

　また，両立タイプの子どもは「親から期待されている」と思い，また「親の言うとおりにさせようとする」と答えた子どもが多いのも印象的でした。

　推測しますと，親は子どもに期待しながら，ある程度目標を示しているのだと思います。「こういうふうにやったらどう？」「お母さん（お父さん）は，こう思うよ」などと，単に勉強だけに限らず，さまざまなことを会話しながら，方向性や目標などを語っているのではないでしょうか。

　受容的にコミュニケーションをとりつつ，押しつけにならないように方向性を示す……。方向が見えにくい現在の世の中を渡っていくためには，親の示す方向性は，子どもにとって生きるヒントになります。すると，子どもにとって，親の期待感は重圧にはならず，むしろ励みになっていると考えられます。

○受容的なコミュニケーションを多くとっている

　「子どもの友達の親のことを知っている」のも，今回の調査の結果，両立タイプの家庭で多いことがわかりました。

　これは，団らん時に，子どもが友達のことをよく話している証拠。親も子どもの話によく耳を傾け，ＰＴＡの会合や道で会ったときには，親同士で子どもの話をしていることでしょう。団らん時にさまざまな話をしている姿が，ここでわかります。また，両立タイプの親御さんは，一人の人間としての思いや感情を表現しているのではないでしょうか。例えば，「今日ね，あなたの友達のＡくんに，『若く見える』って言われてうれしかったんだ」というように，一人の女性として，人

としての感情を素直に語っているような気がします。

○しつけと甘えのメリハリがある

　両立タイプの親は，いい意味での自分の遊びがあると思います。子どもとかかわりながら，自分も楽しんでいるのです。「よし，今度の日曜日にはキャンプに行くか！」と父親が子どもを誘います。「うん！」と元気に答える子どもに，「お父さん，前から楽しみにしていたのよ」とお母さんが小声で耳打ち……。親が人生を楽しんでいて，それが子どもにも伝わっているのではないでしょうか。

　親には遊びもあるので，子どものしつけをしっかりやりながらも，子どもを甘えさせる場面を結構多くもっているのではないかと思います。きちっとしめるところはしめつつ，スキンシップもとっている。子どもは自立心を育みながら，甘えたいときには甘えられる，そんな雰囲気ももち合わせているのでは，と想像します。

両立タイプの始めの一歩——欠けている部分を補おう

　こうみてくると，いいことずくめに思えますが，両立タイプのカテゴリーに入っている子どもがすべて理想的といえば，実際はそんなこともないでしょう。ですから，ここにあげた内容で欠けている部分を意識して，補おうとすることから始めていただければと思います。

　また，両立タイプの中でも，友人関係偏りタイプあるいは学習偏りタイプとの境界線あたりにいる子どもたちも多いと思います。おどかすつもりはありませんが，「うちの子は両立タイプだから安心」と思っていても，途中から友人関係偏りタイプに流れたり，さらには，意欲喪失タイプへと移行してしまうこともあります。その境にあるときを，見逃さないということが肝心です。

2 学習偏りタイプの子をもつ家庭の特徴と対応策

Point

親子ともども「キチンとさん」。親がたまには失敗やダメな部分などを見せたり，目的もなくぼーっとした時間を一緒に過ごすことも大切。

学習偏りタイプの子どもの特徴

　両立タイプの子どもを基準としたとき，学習偏りタイプに欠けているもの，足りないものを中心に，子どもの特徴を概観してみましょう。

○他者評価で自分を評価するので，小学生では受容感が低い

　一生懸命，学習に取り組んでがんばっている子どもたち。受容感は高そうに思えますが，今回の調査で，学習偏りタイプの小学生は，受容感が低いということが明らかになりました。

　これは，学習偏りタイプは，他者による評価で自分を評価する傾向が高いためであると考えられます。つまり，テストでいい点を取れば，先生や親にほめられ，自分は認められていると感じられる。けれど，思ったような点数が取れなければ，人からほめられない。すると，「自分はダメだ」と思ってしまうのです。

　中学生になると，受容感はいくぶん上がるのですが，これも「がんばった分，成績が上がれば自分が受け入れられる」と，わかりやすい

ためだと思われます。

○人と積極的にかかわる力が足りない

　学習偏りタイプは，中学生になると，対人積極性がガタンと落ちます。これは，人とかかわろうとしなかったり，人前で自分の言いたいことをきちんと言えなかったりといったことです。気遣いはできるのですが，それを言葉に出せない。自己主張・自己表現ができないのです。「何を考えているのかわからない」と思われ，周りから少し浮いている，そんな印象の子どもたちです。

○ストレスを前向きに対処できない

　人とかかわる力がないと，ストレスもたまります。解決型志向でストレスに対処することができる両立タイプに対して，学習偏りタイプは「無視する」「相手のいやがることを考える」などネガティブに考えがちです。ゲームでストレスを発散する子が多いのも特徴です。

　ストレスを前向きに対処できないので，内側にため込んで，突然爆発することもあります。まじめでおとなしい子が突然キレて事件を起こした，というニュースを耳にしますが，これはその結果といえるでしょう。

○対人関係に関する規範意識が足りない

　学校の規則などはきっちり守るのですが，対人関係に関する規範意識は足りていません。むしろ「よい子」「悪い子」を区別しがちな親の価値観を取り入れてしまい，だれとでも友達づきあいをしようとする気持ちが少ないところがあるようです。そして，そのような様子が見えてくると，周りの子どもたちはとたんに鼻白んでしまうのです。

　例えば，掃除をちょっとさぼって友達とじゃれているような子に「掃除をさぼったらいけないんだよ！」と，正面から「正しいこと」を言って，周りから煙たがられるような子ども。アニメ『ちびまる子

ちゃん』に出てくる丸尾くんのイメージです。

学習偏りタイプの子の家族・親の特徴

○やはり親も「学習偏りタイプ」が多い

　このタイプの子どもの親御さんは，やはり自身が学習偏りタイプである場合が多いと思います。自分もまじめな優等生だった。「なんだかんだ言っても，日本社会で生きていくには学歴は大事。子どもも一生懸命に勉強して，進学校から有名大学にあがってほしい。大丈夫，自分が歩んできた道なのだから，子どもにだってできるはず……」。あるいは，「私は諸事情で思うような進学ができなかった。子どもには学歴で苦労はさせたくない」，こんな方もいるでしょう。

○親の愛情が「条件つきの愛」と受け取られている

　「宿題終わったの？」「今度の模試はいつ？」——団らんの時間に，学習に関する話題が多いのが学習偏りタイプの家庭でしょう。すると本来はくつろぐべき食事の時間が，子どもにとってはいちばんつらい時間になってしまいます。

　子どもたちの受容感が低いのは，家族の愛情が「条件つきの愛」と感じ取ってしまうからではないでしょうか。「成績がよい私は愛されるけど，成績が悪ければ私は親から認められない，愛されない」と。私の推測ですが，学習偏りタイプの親御さんは，意識せずに，子どもが幼いころから「条件づけ」をしていたのではないでしょうか。「これができるまで，おやつは食べてはダメ」などと。

○親の期待が重く感じられる

　学習偏りタイプでは，過干渉になりやすく，親の期待が重荷になっている子どもも多いと推測されます。両立タイプの場合，「学習も大

第3章　タイプ別　子育ての傾向と対策

切だけど，友達づきあいも大切。人を大事にできる人間に成長してほしい」という親の願いが，きちんと子どもに伝わっている場合が多いと思います。これに対して，学習偏りタイプの場合，学習面がクローズアップされ，「こうしなさい」という親の意向が，口には出さなくても子どもにはいやというほど伝わっていることが多いのではないでしょうか。すると，親の期待感が肩にズシリと重くのしかかります。さらに，「これが終わったら，次はこれが目標」と課題がエンドレスで与えられ，その期待にずっと応え続けなければなりません。こうした状況に，窮屈な思いをしている子どもは多いと思います。

今回の調査でも，「母親が好き」と答えた子どもは，学習偏りタイプが4タイプの中でいちばん少なかったのも，そういったことが要因の一つといえるでしょう。

○四角四面で遊びが少ない

学習偏りタイプはとてもまじめです。悪く言うと融通がきかない，四角四面。親自身が学習偏りタイプの場合，子どもに対して，いつも母親（父親）役割で接していて，素の自分，人としての自分をなかなか表に出せないのではないかと思います。例えば，両立タイプの母親が，「お母さん，『若い』って言われちゃった！」と，子どもの前でうれしそうな顔を見せるのに対し，学習偏りタイプのお母さんは，うれしく思っても表には出さない，そんなイメージがあります。人に弱みを見せるのが苦手で，子どもに対しても，「よい親」でいようとがんばっています。

また，両立タイプの親が子どもと一緒に休日を楽しめるのに対して，学習偏りタイプは，自分で意識していなくても，「時間をつくって家族サービスをしてあげている」という雰囲気を醸し出しているかもしれません。

学習偏りタイプの始めの一歩——こんなところから始めよう

○「ありのままのあなたが大事」と伝えよう

　学習偏りタイプの子どもにいちばん必要なのは，受容感です。
　「勉強ができるから愛しているのではない，あなたの存在自体が大切」ということを，子どもに伝えることがとても大切なのです。
　といってもこのタイプは，自分の気持ちを表現するのが苦手。あらたまって言うのも，かえって誤解を招くかもしれませんし，タイミングもむずかしい。ですから，まずは誕生日や季節の行事，進級，卒業のときなど，何かの節目の折に伝えてみてはいかがでしょうか。
　例えば，誕生日に幼児期のアルバムを開いてエピソードを語るのも一案。「あなたが生まれてきたときはね，お父さんがオロオロしちゃって大変だったのよ」など，ケーキを食べながら家族で語らうのもいいでしょう。「生まれてきてくれてありがとう」という気持ちが伝わるように……。

○たまにはダメママ（パパ）ぶりを見せよう

　「お母さんは，忙しいのに何でもキチンとがんばっている。ぼくもキチンとがんばらなきゃ」。学習偏りタイプは，親子ともどもこうした「キチンとタイプ」が多いと思います。親自身も自分の親から規律や自主性が育つようにと，厳しく育てられた方が多いでしょう。
　もちろん，キチンとしていることは悪いことではありません。けれど，親がスキを見せないと子どもは息苦しく感じます。ですから，まずは親の許容量を広げましょう。例えば，「食育のために，必ず料理は手作り！」と決めている人も，「たまには手抜き料理」を自分に許してあげるのです。そして，「ママ，今日疲れちゃったから，おかず

はスーパーのお総菜にしちゃった！」と子どもに伝えるのです。すると，「いつもキチンとしていなくてもいいんだ」と子どもは安心するでしょう。

そしてできれば，自分の失敗も見せてあげましょう。「パパがお友達からもらった素焼きのビアグラス，うっかり割っちゃった！」と子どもに言い，夫が帰ってきたら「ごめんなさいね」と謝っているところも見せるのです。

そこから子どもは，だれでも失敗はするけれど，許されるということを学びます。勉強だってできるときも，できないときもある。失敗を怖がることはない，と。

○目標達成につながらないことをしよう

学習偏りタイプは，目標を決めてがんばります。そこから離れて，親子一緒に「目標のない」時間を楽しんでみるのもいいと思います。例えば，日がな一日公園に寝ころんで雲を見ているとか……。

○期待をかけすぎない

また，学習に関しては，「期待をかけすぎている」と親のほうは思っていなくても，立派な親をもつとそれだけで，子どもには重圧になるものです。親は，アドバイスのつもりでも，子どもには押しつけにとらえられる場合もあるでしょう。

ですから，子どもが自分のアドバイスに難色を示す場合は，少し距離を置いたほうがいいように思います。学習の話題以外の会話を意識して増やしましょう。友達のことや趣味のこと，「公園の桜がつぼみになっていたよ」など近所や季節の話題……。親自身，話しているうちに，自分の中に新たな発見が生まれるかもしれませんよ。

「まずは親自身が自分の人生を楽しむこと」——そこが始めの一歩なのかもしれません。

3 友人関係偏りタイプの子をもつ家庭の特徴と対応策

Point

自由度が高く，子どもへの指導性が弱い家庭。やっていいことの是非や，親の考え方・子どもの将来への希望を語ることも必要。

友人関係偏りタイプの子どもの特徴

　友人たちと楽しそうにしていて心配はなさそうに見えますが，そうでないのがこのタイプ。いま，こうした子どもたちが増えています。

○やればできるのに，やらない

　本来は能力があるのに，学習意欲が低いために能力を発揮できない，まさに「やればできるのに……」のタイプ。学習に向ける能力を友人との関係や，話題づくりのためのゲームやテレビ番組など，表面的な話題の興味にばかりエネルギーが向いていると考えられます。

　今回の調査からも，「きっとできる」という効力感，欲求を抑えるセルフコントロールや，人のために自発的につくしたいという「向社会性」も低く，心の成長（心理・社会的発達）が十分でないことがわかりました（詳しくは拙著『データが語る② 子どもの実態』を参照）。見た目が元気な分，見落とされがちですが，実は意欲喪失タイプと同じくらい注意が必要な子どもたちなのです。

○決まった友人といつも一緒の「まったり系」

このタイプは元気があって楽しそうにしているので両立タイプと見分けがつきにくいのですが、友人関係の状態を見ればわかります。

例えば、学校、塾、習い事、サッカーチームなどの各々の場所に広い交友関係があり、さまざまな子どもたちとも仲よくできるのが両立タイプ。いっぽう、友人関係偏りタイプの交友関係は、特定の数人に限定されます。学校の休み時間はいつも同じメンバー、塾や習い事も一緒に行きたがり、放課後や休日も一緒。友達と一緒に目標に向かってがんばるというのではなく、漠然と「群れている」イメージです。ただ一緒にゲームをしたり、タレントの話をしたり。友人が大事といっても表面的なつきあいが多く、クラスが変われば関係が切れてしまうことが多いでしょう。1章で親子の会話の質、日常生活の質が大事、ということを述べてきましたが、友人関係も質が大事なのです。

○「一人が怖い」症候群

「一人でいるのが、とてもつらい」──今度の調査でも明らかになりましたが、いまの子どもたちの全体的な特徴として、「孤独に弱い」ということがあげられます。特に、友人関係偏りタイプでは、さびしさをまぎらわせるために固まる傾向があります。この少人数のグループが自分の居場所なので、仲間に嫌われるのを怖がって非常に気を遣い、自分を抑えて言いたいことも言えません。

受容感の高い両立タイプの子どもは、自分も相手も大事にできるので、意見が合わないときは前向きに話し合って解決しようとします。友人関係偏りタイプは、自分が傷つきたくないために相手に合わせようとするので、その分、ストレスも多くなります。

いっぽうで、63ページで説明したように、ソーシャルスキルが「配慮」よりも「かかわり」が高い傾向にあります。つまり、人とかかわ

りたい気持ちが強い子どもが多いわけですが、配慮が足りないので、相手を傷つけることを平気で言ってしまう。けれど周りの子はそれをグッと我慢する。このタイプには、「人を傷つけることには無頓着だけど、自分は傷つきやすい」という子どもが割に多いと思います。

友人関係偏りタイプの子をもつ家庭・親の特徴

○親のタイプはさまざま

　親自身のタイプを考えると、いくつかのパターンがありそうです。一つは、親自身も友人関係偏りタイプの場合です。子どもと同次元で対する「友達親子系」で、若いファッションで子どもと一緒に買い物に行くようなイメージがあります。ほかには、親自身は両立タイプかあるいは学習偏りタイプでも、共働きで忙しいなどの理由で子どもにかかわる時間が少ないことから、つい子どもに甘くなってしまい、子どもはさびしさを埋めるために友人に依存するというケース。親が学習偏りタイプの場合、目標が高く、規律に厳しい親に子どもが反発して、友人関係に向かうようになったというケースもあるでしょう。

○しつけの甘さが目立つ

　友人関係偏りタイプの子どもは「家でおはよう・おやすみのあいさつができていない」「お手伝いをしない」といった家庭での様子や、自分の欲求を抑えるセルフコントロールが低いといった傾向から、家庭でのしつけの甘さが垣間みられます。

　親が友人関係偏りタイプの場合は、親自身も自由に育ってきて、子どもにも自由にさせている場合が多いでしょう。「子どもは、のびのび育てるのがいちばん」はいいのですが、押さえどころがないのが問題なのです。「自由という名の放任」に近い家庭も少なくありません。

第3章　タイプ別　子育ての傾向と対策

電車の中で子どもが騒いでいても親は知らんぷり。そのくせ、子どもが欲しがる物はどんどん買ってあげる。こうした、社会的なモラルや我慢を学ばせるといった部分の不足が問題です。

○親が生きる指標を示していない

「食事のときにテレビをつけている」のがいちばん多い家庭は、4タイプ中で友人関係偏りタイプがトップでした。

1章でお話ししたように、私は、食事中にテレビをつけるか消すかは問題ではなく、そのとき話されている会話の質が重要だと指摘しました。両立タイプでは団らんのときに、親の価値観にふれるような話題も出ているのではないか、と思います。けれど、特に親自身も友人関係偏りタイプの家庭では、お笑い番組を見て、一緒にただ笑っているだけ……という感じがします。団らんは楽しんだりくつろいだりする時間ですから、別にそれでもいいのですが、かといって、生き方にふれるような話を別の機会にするのかといえばそれもない。すると子どもは、親から生きる指針を見いだすチャンスがありません。

自分は自分であって、他人とは違う。では自分とは何なのか、この人生で何をすべきなのか……。こうしたアイデンティティの確立の過程をみていきますと、まず、子どものころにある程度固めていきます。しかし、成長とともに合わなくなっていくので、それを一度破り、またつくって破って、という過程を繰り返して自分を見つけていきます。

最初の過程は、身近な人の価値観・生き方から受ける影響が大きいわけですが、友人関係偏りタイプの場合、それが最初からできない親子関係なのです。つまり、親が「これでいいんだ」「こういうふうにやるべきなんだ」という指標をある程度示さないと、子どもは価値観のコアが固まらず、ゼリー状のまま年を重ねてしまいます。すると、「何のために生きているんだろう」と生きる意味を見いだせないまま、大

人になってしまう可能性が高いのです。

友人関係偏りタイプの始めの一歩――こんなところから始めよう

○言うべきときはキチンと言う

　友人関係偏りタイプの親は，子どもから嫌われることを怖がり，子どもに厳しく言えない傾向があるように思います。

　もちろん，甘えさせる部分があっていいですし，子どもと一緒に楽しむのも大切です。ただし，「ここ」というときは，親としての役割を果たし，壁になることが大切です。

　社会的なモラルにしても，対人関係にしても，生き方についての価値観にしても，「それは，してはいけないことだ」「そういう考え方は賛成できない」と，親の意見を言うべきときは言うことです。

　ただし，「あのときは言ったのに，今回は言わない」といった気分次第で怒ったりちやほやしたり，というのは逆効果。一貫性をもった態度が大切です。また，「今回は特別に許そう」などと「特別」をつくらないことも大切です。

○選択肢を具体的に示す

　ある意味自由度の高い友人関係偏りタイプの親は，子どもの自主性にまかせようと，「おまえの好きなように，自由にやりなさい」などと言う場合が多いのではないかと想像します。けれど，子どものほうは，自分でどうしていいのか，選べない状況になっているのではないでしょうか。

　この場合には親のほうで，選択肢を詳しく説明してあげることが必要になると思います。「これとこれを比べたら，こっちのほうは，こういうメリットがあるんだよ」とかみ砕いて説明してあげるのです。

○目標を設定して競い合う

　友人関係偏りタイプは，目標を立てるのが苦手なことが多いので，親子でそれぞれ目標をもつというのも一つの方法です。例えば，子どもは「苦手な漢字テストで70点以上取れるようにする」と決め，父親は，「最近，メタボリックシンドロームが心配だから，毎日一駅分歩いて1か月で3kg減量する」など具体的な目標を設定して，それをグラフにして競い合うというのはいかがでしょうか。「がんばれたね」「できるといいね」などと励まし合いながら。

　また，友人関係偏りタイプは，「きっとできる」といった効力感が低く，「どうせやってもだめだ」と挑戦する前からあきらめてしまう傾向があります。大事なのは，目標を決めて達成感を味わわせること。特別なことではなく，日常の中で「いまやれること」から始めて，いくつもの達成感を重ねること。小さな目標をクリアして効力感が高まってきたら，次は少し高い目標を決めて，スモールステップを重ねて少しずつ目標に近づいていくようにするといいでしょう。

○親が学習偏りタイプの場合は，自主性を信じよう

　親自身が学習偏りタイプの場合は，思いどおりにならない子どもに見切りをつけて，かかわりを放棄してしまったり，「目標が高い」「規律に厳しい」と反発された結果，子どもが友人関係偏りタイプになっている場合があると考えられます。できる親，立派な親をもった子どもには，それだけでプレッシャーなのです。

　そこで「テレビを消して勉強しなさい」ではなく，「このドラマ，どんな展開なの。そう。中間テストも近いから，30分ぐらい単語練習をやって寝なさいよ」と，子どもに応じた意欲を引き出す言葉かけをする必要があるでしょう。

4 意欲喪失タイプの子をもつ家庭の特徴と対応策

Point

子どもの現状を否定せずに，心配な気持ちを伝えるところから。ねばり強く，あきらめずに。

意欲喪失タイプの子どもの特徴

　学習にも対人関係にも意欲をみせない子どもたち。親御さんは心配でしょうし，学校では先生も対応に苦慮されていると思います。

○学校にも家庭にも居場所がない子どもたち

　家庭生活においても，「家がとても楽しい」と答えた意欲喪失タイプの子どもは，小学生でおよそ3割で，両立タイプの半分以下。

　「家族は自分のことをわかってくれる」と思う割合は約4割で，やはり両立タイプのおよそ半分です。「いやなことがあっても家族といるとほっとしますか」の質問に，「いつもそう」と答えた子は小学生でおよそ1割，両立タイプのおよそ3分の1の割合です。

　学校にも，そして家にも自分の居場所を見いだせず，つらい思いをしている子どもたちの姿が浮き彫りになりました。

○学習意欲，心の成長ともに厳しい状況

　意欲喪失タイプの子どもは，両立タイプとは正反対の特徴をもつと

いえます。まず、学習面では、学習意欲が低いと同時に、学習の定着率も悪く、中学校になるとさらに顕著にその傾向が強くなるので、こうした子どもには小学校の早いうちからの対応が重要になります。

　心の成長（心理・社会的発達）も、61ページでご紹介したように、周りの人から受け入れられていると思えるかといった「受容感」、ものごとに挑戦するときに「きっとできる」と思えるかを表す「効力感」、欲求を自分で抑える「セルフコントロール」、積極的に人と接する「対人積極性」、他人のためにつくしたいと思う「向社会性」、このいずれも低い状態です。そしてこれらが低くなっている当然の結果として、不安傾向や攻撃性が高まっています。

　人とかかわったり配慮したりする力も低く、ルールは守るべきといった規範意識も乏しいので、学校では、人の輪に入ることがむずかしい状況です。その反動として、服装や髪型の校則違反や反社会的行動に走る子もいるでしょう。「どうせ、おれ（私）なんか、何やったってだめなんだから……」と、自暴自棄になった心は、さまざまな形で現れます。暴力や破壊行動として外側に向かって現れたり、あるいはネットで知り合った相手と援助交際したりと、内側に向かって自分を傷つける行為として現れたり……。

　また、こうした行動に出る子どもとは反対に、周囲とはまるで没交渉で、ポツンと一人でいる子どもも多いと思います。

○いじめの加害者・被害者になる可能性が

　人間関係に生ずるストレスに対して、話し合いで前向きに解決するといったポジティブな対応ができず、あやふやにして考えないようにしたり、陰口や中傷などネガティブな対処をする傾向がみられます。

　こうした子どもは、いじめの加害者になる可能性も考えられ、逆にポツンと一人でいる子はいじめの被害者になる可能性もあるでしょう。

意欲喪失タイプの子をもつ家庭・親の特徴

○しつけ以前の問題も大きい

　家で「おはよう，おやすみ」のあいさつを毎日している子どもは小学生でおよそ3割，両立タイプの半分以下です。同じく，学校であいさつをしているか聞いたところ，毎日する子どもは2割強。両立タイプの約3分の1です。家であいさつする子どもの多くは，学校でもしています。やはり，家庭でのしつけが大切ということになるでしょう。

　「自分はかけがえのない存在だ」と思える受容感や，自分の欲求を抑制するセルフコントロールなど心の発達についても，家庭の役割が大きいのです。

　しかし，意欲喪失タイプの子どもの家庭では，なんらかの事情で，こうした子どものしつけや心の成長の促進がしづらい状況にあると思います。

○さまざまな親のタイプと抱える諸事情

　家庭・親にも，いろいろな状況が考えられます。まず，親が親としての役割を果たしていない場合があります。放任や一部には虐待などのケースもあるでしょう。こうした保護者は，ＰＴＡの会合などには顔を見せないことが多く，子どもが学校で問題を起こした際にも，先生の呼び出しや訪問にも応じてくれない場合もあります。

　諸事情で，親のほうが，子どもをしっかり見つめて子育てを行える家庭環境にない場合があります。夫婦不仲でけんかが絶えない家庭などです。

　いっぽう，親御さんが一生懸命子育てをしようと思って取り組んでいる中にも，意欲喪失タイプになってしまっている子どもも見受けら

れます。

　例えば、親が学習に熱心なタイプで、子どもに期待をかけ、厳しくしつけも行っていた。子どもも途中までは親の要望に応じていたけれど、途中でとうとう折れてしまった……という場合です。

　親が一生懸命やっていても、何かしらボタンの掛け違いでそうなってしまうこともあるでしょう。

　ほかにも、兄弟姉妹のうちで勉強ができる子（あるいは容姿がいい、運動ができるなど）がいて、劣等感をもった別の子が意欲喪失タイプになることもあるでしょう。

○子どもの資質や途中のトラブルが原因のことも

　または家庭環境の問題ではなく、子ども本人が、いつもの仲よしグループとうまくいかなくなったなどの理由で、友人関係偏りタイプから対人関係に関する意欲が落ちてしまったという場合もあるでしょう。両立タイプから、何かをきっかけにストンとやる気が落ちてしまう子どもも、いないとはかぎりません。

　意欲喪失タイプの子どもとつきあううちに、流されて自分も感化されてしまったり、いじめの被害にあったり、友達関係のトラブルが原因で、意欲喪失タイプになってしまう場合もあると思います。

　こうみていくと、家庭環境だけに影響されるのではなく、だれでも意欲喪失タイプになる可能性があるといえそうです。子ども自身の生まれもった資質によるものも大きく、同じ対応をしても、そうなる子どもとならない子どもがいます。

　一概に「親が悪い」と責任を問われると、親御さんはとても苦しくなると思うのです。

意欲喪失タイプの始めの一歩——こんなところから始めよう

○親からあいさつを

　このタイプの子どもは，あいさつの習慣ができていないことが多いのですが，あいさつは互いの存在を確認し合う行為でもあるのです。

　ですから，親のほうから「おはよう」「おやすみ」と声をかけましょう。いままであいさつをしていなかった子どもは，すぐに返事はしてくれません。それでも10回，20回と繰り返すうちに，返してくれるようになるでしょう。そこから，会話のなかった家庭では，子どもにうるさがられない範囲で関心をもち，徐々に言葉かけをしましょう。

　まだ荒れている状況ではないけれど何か様子が変だと思ったら，言葉かけをしましょう。「元気がないように見えるよ？」と親の思いを語るのです。崩れる前段階を見逃さず対応することが重要なのです。

○親が同じ目線をもつ

　親が教育熱心で，子どもが途中でドロップアウトしてしまった家庭では，まず，親が子どもと同じ目線に立つことが大切です。

　勉強が得意だった親からすると，子どもが期待するような点数が取れないと，「同じ遺伝子をもっているのだから，あの子も私と同じようにできるはず。がんばりが足りない」などと思ってしまいがちですが，子どもは子どもであって，親ではないのです。これは，頭ではわかっていても，なかなか受け入れにくいことだと思います。しかし，「やればできた」のは親であって，同じことを子どもに求めるのは酷なのです。

　子どもがすでに意欲のないレベルになっていたら，自分が歩んできた同レベルをめざすのは無理な話なのです。それを受け入れ，子ども

の目線でいまの状態を客観的にみる。そして、現実的な目標地点を探り、マッチベターな選択肢をあげて、支援はどうすればいいのかその方法を考える、といった作業が必要になってきます。

○教師は、「あきらめない」「急がない」

　本書を読まれている方には、教育関係者が多いと思います。学校の先生にいちばんにお願いしたいのは、あきらめないということです。

　意欲を失っている子どもは、短期間でどうにかなるものではありません。失われたものを取り戻すには、倍以上の時間がかかるかもしれません。長期戦で取り組むしかないのです。保護者が非協力的な場合でも、保護者との連携からスタートするという常識にしばられず、子どもとの間で自分のできることをするしかないのです。

　子どもたちの悲しみというのは、素直な言葉を素直に受け取れないほどになっているのだ、ということをまず理解する必要があります。「こんなに心配しているのに、なんであんな態度をとるんだ」と怒ってはいけません。子どもは、先生を試すために、琴線にふれるようないやなことをしてきます。しかし、子どもは投げかけているのです。「おれ（私）はこんなに悪い子だ。それでもおれ（私）を愛せるのか」と。先生は振り回されるでしょう。けれど、ついていくしかないのです。特効薬はありません。たしかに労力をかけても見返りがないとさえ思えてしまいます。けれどそのまま育ってしまったら、その子たちは社会からも孤立してしまいます。

　先生も疲れてくると無力感が生じてくるでしょう。酷なようですが、あきらめず、信じること。水をまけば、多くの子はすぐに芽が出てすくすくと育っていく。いっぽう、この子たちはいくら水をやってもなかなか芽を出さない。けれど少しずつ吸収しているのです。ですから、いつか芽を出す日を信じて、水を与え続けてほしいのです。

友人関係偏りタイプはフリーター・学習偏りタイプはニートに!?

■ 学習偏りタイプの気がかりはニートになる危険性

　私は小学校の教員を以前経験し，かつ，小・中・高校の先生方と児童生徒の理解と対応のあり方について全国で研究会をしています。このような背景から大学生と実際に接してきて実感することがあります。大学生を見ていて，「この学生は小学校のときから学習偏りタイプだったろう」「この学生は友人関係偏りタイプだな」と，小学生のときの様子が想像できてしまうのです。

　さすがに意欲喪失タイプは国公立の大学ではあまり見かけませんが，学習偏りタイプの学生は，理科系に多い印象があります。まじめなのですが，四角四面で対人関係がぎこちなく，興味の対象が狭いことがわかります。

　例えば，文章を書くことを勧めると，「国語は苦手だから」と，チャレンジしようとしません。受容感が低いので，少しでも苦手なこと，いい結果が出せないと思うことには手を出しません。これはもともと低い自己評価をさらに低くしないための，一つの防衛といえるでしょう。

　私は大学生の就職のアドバイスもしていますが，学習偏りタイプは実際のところ就職が厳しいのです。学習意欲は高いので入社試験でも筆記は通過するのですが，集団面接，個別面接と進む中で落とされることが多いのです。

　今回のデータでも明らかになったように，学習偏りタイプは人とのかかわりが苦手です。面接官にそれが，「協調性がない，社員とのコミュニケーションがとりづらいだろう」としっかり見抜かれてしまうのでしょう。

第3章　タイプ別　子育ての傾向と対策

COLUMN

　学習偏りタイプの危うさはここにあります。運よく会社に入社できたとしても，コミュニケーションがとれなければ，やがて人間関係でつまずいたり，1つの失敗に大きく落ち込み立ち直れず，やがては退職……。深く傷ついているので転職の意欲ももてず，残された道は親に養ってもらうニートです。

■「アダルトチルドレンかもしれない症候群」の女子学生たち

　学習偏りタイプの，特に親元を離れ一人暮らしをしている女子学生がよく口にするのが，「大学を卒業しても家には帰りたくない」という言葉です。

　理由を聞くと，「私はずっと親の言うことを守り，勉強もきちんとやるいい子でした。親の期待どおりに，優等生になり，進学校から大学合格と，敷かれたレールの上を歩いてきました。でも，ふと私は自分の人生を生きていないのではないか，と思うようになったのです。親のことは嫌いではありません。でも，一緒にいるととても苦しいんです」――こんな「アダルトチルドレンかもしれない症候群」ともいえる女子大生が，とても多いのです。

■友人関係偏りタイプはフリーター予備軍

　いっぽうの友人関係偏りタイプは，自分の生きる目的や価値観が定まらないまま年を重ねてしまうので，大学生になって，就職を決める時期になっても，自分のやりたいことが定まりません。職業体験をしても，「自分に合っているか」「興味がもてるか」といった程度の感想しかもてないのです。目的意識がないまま大人になった友人関係偏りタイプは，まさにフリーター予備軍になる可能性が高いといえるでしょう。

　このように，大学生を見ていて，小学生からの教育の大切さを痛感しています。

COLUMN
楽しい学校生活を送るためのアンケートQ-U

　Q-Uは，子どもたちの学級生活での満足感と意欲，学級集団の状態を測ります。学校生活意欲尺度と学級満足尺度の2つから成ります。

　学校生活意欲尺度は，「友人との関係」「学習意欲」「学級の雰囲気」「教師との関係※」「進路意識※」について質問項目があります（※印の項目は中学のみ）。本書の子どもの4タイプは，これを使ってタイプ分けしています。

　学級満足尺度は「承認得点」「被侵害得点」の質問項目があります。
- ●承認得点：自分の存在や行動が級友や教師から承認されているか。
- ●被侵害得点：学級の中で不適応感をもっていないか，いじめなどを受けていないか。

この2つの得点の高低の組み合わせで4群に分けて子どもをとらえます。
- ・学級生活満足群：不適応感やトラブルが少なく，学級生活に満足し，学級活動に意欲的に取り組んでいる子ども
- ・侵害行為認知群：自主的に活動はしているが，自己中心的な面があり，ほかの子どもとトラブルを起こしている可能性が高い子ども
- ・学級生活不満足群：いじめや悪ふざけを受けていたり，学級の中で自分の居場所を見いだせなくて，学級不適応状態にある可能性の高い子ども
- ・非承認群：不適応感やいじめの被害を受けている可能性は低いが，学級内で認められることが少なく，自主的に活動していることが少ない，意欲の低い子ども

　さらに子どもたちの「承認得点」「被侵害得点」の分布で，「管理型」「なれあい型」「荒れ始め型」「崩壊型」など学級の状態が把握できます。

第4章

地域が子どもに及ぼす影響

Question 1 子どもの地域生活

子どもは近所の人にあいさつをするか

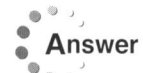

Answer

小学生では，両立タイプの4割がいつもあいさつしている。友人関係偏りタイプと意欲喪失タイプは2割以下。

　本章では，子どもの実態と地域との関係性にスポットをあててみていきます。最初に，子どもと地域との関係について，前章に引き続き子どもの4タイプの分類で，それぞれのタイプの子どもが，どのように地域に接しているのか比較してみます。後半では，地域を4タイプに分け，地域ごとの子どもたちの特徴についてみていきましょう。

　なお，地域のタイプによって子どもの4タイプの割合が変わるか調べてみたところ，28ページで示した全体の数値とさほど変わりませんでした。両立タイプが5割弱，友人関係偏りタイプが2割5分弱，学習偏りタイプが1割程度，意欲喪失タイプが2割前後です。

まずは家庭でのあいさつ習慣から

　近所の人と道で会ったら，「いつもあいさつする」と答えた割合をみてみます。質問内容には，「ときどきあいさつする」という項目もあげましたが，「ときどき」の場合は，「相手があいさつしてくれば，自分もする」という受け身的なあいさつも入ってくると思います。そ

第4章　地域が子どもに及ぼす影響

Data 1 あなたは，近所の人と道で出会うとあいさつしますか

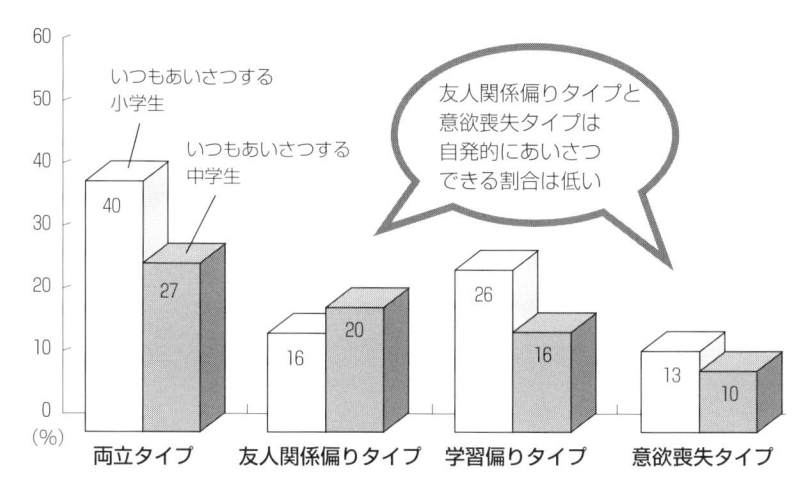

凡例：いつもあいさつする小学生／いつもあいさつする中学生

- 両立タイプ：40／27
- 友人関係偏りタイプ：16／20
- 学習偏りタイプ：26／16
- 意欲喪失タイプ：13／10

（単位：%）

友人関係偏りタイプと意欲喪失タイプは自発的にあいさつできる割合は低い

設問に対し，「いつもあいさつする」「ときどきあいさつする」「あまりあいさつしない」「まったくあいさつしない」の選択肢の中から「いつもあいさつする」を選んだ子どもの占める割合。

のため，自発的なあいさつが身についていると思われる「いつもあいさつする」のみを取り出しました。すると，グラフのとおり，小学生では，両立タイプは40％，学習偏りタイプは26％，友人関係偏りタイプと意欲喪失タイプが拮抗して15％前後という低い結果となりました。中学生になると，全体的にあいさつする割合は落ち，学習偏りタイプと友人関係偏りタイプの順番が入れかわっています。

「家であいさつする」「学校であいさつする」子ども（小学生）が多い順も，両立タイプ，学習偏りタイプ，友人関係偏りタイプ，意欲喪失タイプとなっています。したがって，家であいさつをしている子どもは，学校でも近所の人にもあいさつしている，といえるでしょう。家庭でのしつけの重要性がわかります。あいさつはただの礼儀ではなく，関係性をつくる大切な第一歩だからです。

Question 2 子どもの地域生活
地域の行事に参加しているか 楽しいと思っているか

Answer

両立タイプが参加数も多く，行事を楽しんでいる。親と一緒に参加すること，ふだんのあいさつで近所の人と顔見知りになっていることが必要。

保護者が参加する家庭では，子どもも参加する

　子どもたちは，地域の児童会の集まりや行事に，どのくらい参加しているのでしょうか。「いつも参加する割合」と「だいたい参加する」を足した割合でみてみましょう。

　グラフのように，小・中学生ともに両立タイプがいちばん多く，学習偏りタイプと友人関係偏りタイプが拮抗していて，意欲喪失タイプが最後となります。

　また，「家族が地域の行事や会合に参加する」割合（中学生）をみてみると，両立タイプが74％，学習偏りタイプが65％，友人関係偏りタイプが61％，意欲喪失タイプが53％となっています。

　やはり，保護者が参加する家庭は，子どもも参加する場合が多いのでしょう。なぜかというと，親と一緒に参加することで，安心して地域の人とかかわることができるのだと思います。

第4章　地域が子どもに及ぼす影響

Data2 あなたは，自分の地区の児童会の集まりや行事に参加しますか

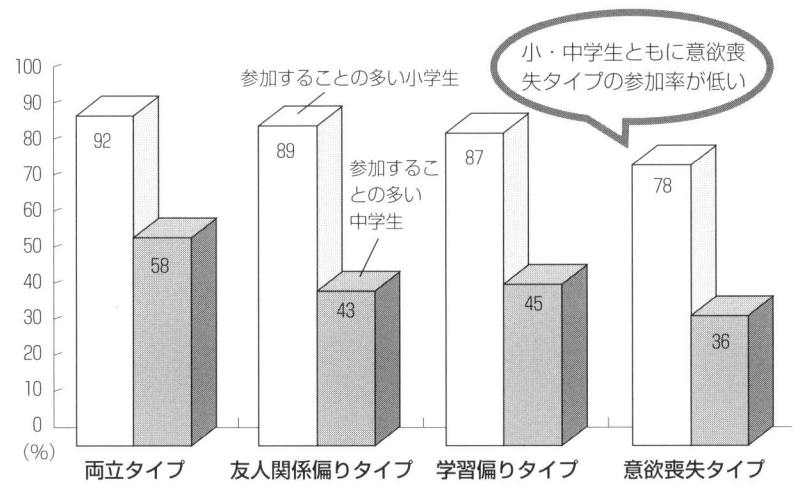

参加することの多い小学生
参加することの多い中学生
小・中学生ともに意欲喪失タイプの参加率が低い

- 両立タイプ：92／58
- 友人関係偏りタイプ：89／43
- 学習偏りタイプ：87／45
- 意欲喪失タイプ：78／36

(%)

設問に対し，「いつも参加する」「だいたい参加する」「あまり参加しない」「まったく参加しない」の選択肢の中から「いつも参加する」「だいたい参加する」を選んだ子どもの合計が占める割合。

Data3 家族は，地区の集まりや児童会の行事に参加しますか

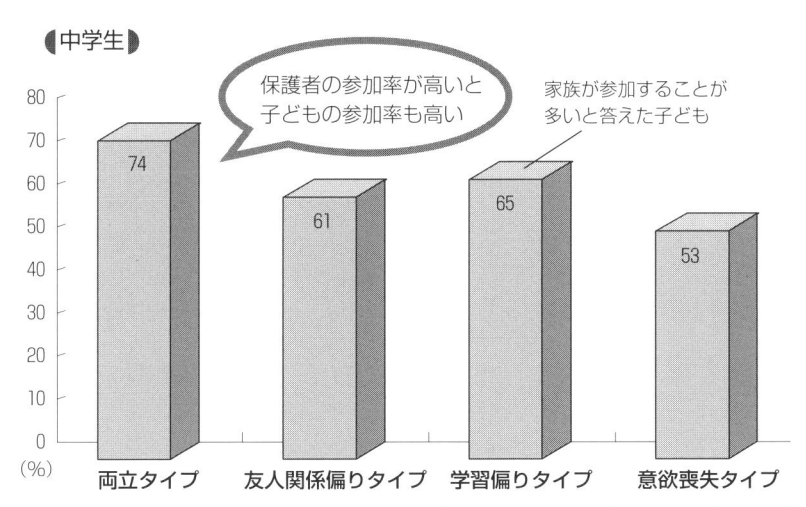

【中学生】

保護者の参加率が高いと子どもの参加率も高い
家族が参加することが多いと答えた子ども

- 両立タイプ：74
- 友人関係偏りタイプ：61
- 学習偏りタイプ：65
- 意欲喪失タイプ：53

(%)

設問に対し，「いつも参加する」「だいたい参加する」「あまり参加しない」「まったく参加しない」の選択肢の中から「いつも参加する」「だいたい参加する」を選んだ子どもの合計が占める割合。

地域の行事を楽しめるのは，両立タイプ

　次に，地域の行事や集まりに参加して，どう思ったか感想を尋ねたところ，グラフのように，「いつも楽しい」「だいたい楽しい」と答えた割合は，両立タイプとその他のタイプとで大きな差が出ました。
　小学生の両立タイプは86％がこれに該当します。
　いっぽう，友人関係偏りタイプも学習偏りタイプも，参加率は両立タイプより３～５％低い程度（小学生）ですが，楽しいと感じている子どもの数は両立タイプよりも13～14％も低くなっています。

日ごろのあいさつで関係性をつくることから

　地域の行事が楽しいか，楽しくないか，これは最初にあげたあいさつの様子と，密接にからんでくると思います。
　両立タイプの子どもは，まず地域の活動に家族と一緒に参加します。家族と一緒にいろいろな人に出会って，顔見知りになります。だから１対１のときでも，「こんにちは」とあいさつできるのです。
　つまり，両立タイプの子どもの気質が異なっているのではなく，予備の学習が行われているのです。あらかじめ顔見知りになっていて，緊張が少ないから地域の行事が楽しめます。楽しめたら，親がいなくなっても大丈夫になるのです。学習偏りタイプや友人関係偏りタイプの子どもは，この予備学習がないのでしょう。
　加えて両立タイプは積極的に人とかかわれる子どもが多いので，「いつも楽しい」という感想が多いのは，うなずけるところです。

第4章　地域が子どもに及ぼす影響

Data 4 あなたは，自分の地区の児童会の集まりや行事に参加すると，楽しい気持ちになったり，ほっとしたり，落ち着いたりしますか

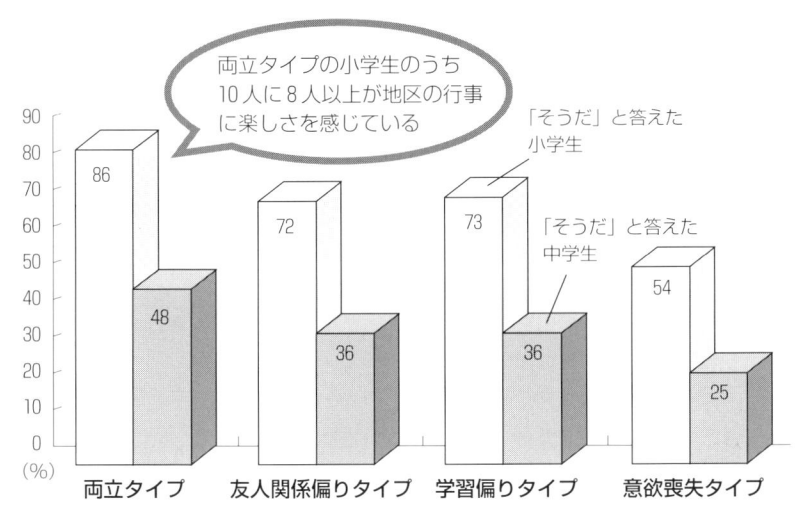

両立タイプの小学生のうち10人に8人以上が地区の行事に楽しさを感じている

「そうだ」と答えた小学生

「そうだ」と答えた中学生

タイプ	小学生(%)	中学生(%)
両立タイプ	86	48
友人関係偏りタイプ	72	36
学習偏りタイプ	73	36
意欲喪失タイプ	54	25

設問に対し，「いつもそうである」「だいたいそうである」「あまりそうではない」「まったくそうではない」の選択肢の中から「いつもそうである」「だいたいそうである」を選んだ子どもの合計が占める割合。

　学習偏りタイプは，地域の行事に「親が行くから」あるいは「親に言われて」来るものの，人と積極的にかかわることが苦手なので，輪に入れないことも多いと思います。友人関係偏りタイプは，「何となく行って，何となく帰ってくる」子どもが多いのかもしれません。意欲喪失タイプは，対人関係の意欲が足りない分，地域の輪にとけ込んで楽しむのはむずかしいと思います。

　いっぽう，子どものタイプにかかわらず，「楽しいと感じる行事」を提供することは各地域の課題となります。子ども神輿や伝統的な踊りなどが受け継がれている地域は，やはりそうしたものを大切にしつつ，さらに子どもたちの意欲を喚起するような工夫をプラスしていくことが大切なのでしょう。

視点 子どもへの影響をみるために地域をどうタイプ分けするか

Point

共同体としての特性で,地域を4タイプに分ける。「地方」「地方より」「都会より」「都会・都心」。

調査の内容について

　さて次は,地域を4タイプに分け,地域ごとの子どもたちの特徴についてみていきます。

　まず調査の内容と,地域をどのようにタイプ分けしたのか,その説明から入りましょう。

　本章のデータは,Q-U(92ページ参照)の全項目と地域に関する質問項目を組み合わせた質問紙を児童生徒に配布して,調査を実施しました。同時に教師に対するアンケートも実施しています。

　そこから抽出した有効回答をもとに統計をとったものが,ここに掲載するデータです。なお,中学校の一部,特に特定の地域では,調査にご協力いただけない学校がありました。その関係で,データの公正性・妥当性を保つため,ここでは小学校のデータのみを使用します。

地域のカテゴリーについて

　子どもたちの実態を，地域社会・地域の人々とのかかわりという視点でとらえるにあたって，地域を4つのタイプに分けました。

　これは○○県や○○市といった大きなくくりではなく，各学校の学区域の状態像について，所属する先生方の回答をもとにカテゴリー分けしたものです。

　したがって，同じ「街にある学校」でも，中心にある従来からの住宅地にある学校と，街の端にある駅から遠い新興住宅街にある学校では，別のカテゴリーになります。

　例えば，近年の市町村合併で政令指定都市になったようなところであれば同じ市内であっても，駅近辺は「都会・都心」，その周りが「都会より」の地域，市の郊外は「地方より」の地域というぐあいです。

　読者の方には，以下に説明する地域の4タイプのうち，ご自分の住む地域がどこに当たるかわかりにくい方がいらっしゃるかと思います。「地方より」と「都会より」，あるいは「都会より」と「都心・都会」も見分けがむずかしい場合があると思いますが，およそのところで概観していただければと思います。

　地域の人々のつながり，そこから生まれる「子どもに働きかける教育力の強さ」といった地域の特性を踏まえて分類しました。

地域　4つのカテゴリー

【タイプ1】　原風景の残る「地方」

　田畑や山林に囲まれていたり，海岸の近くなど，宅地開発がされず，いまなお日本の原風景の残る地域です。

○学校の状態

　学校の1学年の学級数は少ないです。

○地域の人々の特徴

　昔から住んでいる住民が8割以上いて，住民の移動は少ないのが特徴ですが，過疎化がみられる地域もあります。地域の人々は昔ながらの伝統行事を大切にし，定期的に町内会があり，また町内会の行事も多いです。

【タイプ2】　「地方より」の地域

　古い住宅にまじり，新興の団地や建て売り住宅が目につくようになっている地域です。例えば「東京都心部まで1時間半〜2時間の遠距離通勤」というイメージの地域です。

○学校の状態

　学校数や1学年の学級数，1学級の児童生徒数などが増加傾向にあります。

○地域の人々の特徴

　昔からの住民と新しく入ってきた人がおよそ半々くらいの割合です。新しく入ってきた住民は，遠距離で都心部の職場に通う場合が多くなっています。町内会の行事はあるものの，運営が徐々にむずかしくなってきています。

第4章　地域が子どもに及ぼす影響

【タイプ3】「都会より」の地域

新しくなった新興の地域や都市部の最寄り駅に比較的近い地域が含まれます。団地やマンションが数多く建ち，20数年前からベッドタウン化しているような地域も含まれます。例えば「東京都心部まで1時間以内」のイメージです。

○学校の状態

古くから住宅地にある学校では児童生徒数が減少している一方で，最寄り駅から遠い郊外には新興住宅ができはじめ，児童生徒数が増加しています。

○地域の人々の特徴

昔から住んでいる人が3～4割で，町内会の行事は一部の住民が参加している程度です。

【タイプ4】　都会・都心

東京なら都内23区内，神奈川なら横浜市中心部といったところです。都心部の最寄り駅に比較的近い地域が含まれます。

○学校の状態

全体的には，児童生徒数がかなり減少しています。

○地域の人々の特徴

昔から住んでいる人が1～2割で，町内会の行事はほとんどなく，住民のつながりも希薄な地域です。

Question 3 地域の影響

地域によって子どもの特徴に差があるのか

Answer

地方と都会では正反対の傾向が表れている部分がある。受容感、セルフコントロールなど、地域の子どもの特色に応じ、重点的な対応を行いたい。

地域4タイプごとに子どもたちの特性をみる

　子どもの学力や友人関係、心の成長にプラスに働く要素として、受容感、効力感、セルフコントロール、向社会性があることがわかりました（拙著『データが語る② 子どもの実態』）。

　このうち効力感と向社会性では、地域の4タイプと、各々の地域に住む子どもたちの実態をみてみると差が認められませんでした。

　しかし心理的な特性の5項目で大きな差が出ました。差が出たこれらの部分から読み取りを進めていきます。心理的特性の説明は61ページを参照してください。なお「ゲーム発散」とは、例えば対人関係でストレスを感じたとき、前向きに解決しようとせず、ゲームで発散したりインターネットに熱中するなどして回避しようとする傾向です。

　Data 5からは、どの地域にもプラス面とマイナス面があることがわかります。足りないところをそれぞれの地域で補っていくことで、どの地域の子どもたちもきっと伸びていくに違いありません。

第4章　地域が子どもに及ぼす影響

Data 5 地域4タイプによる子どもたちの特性の違い

【小学生】

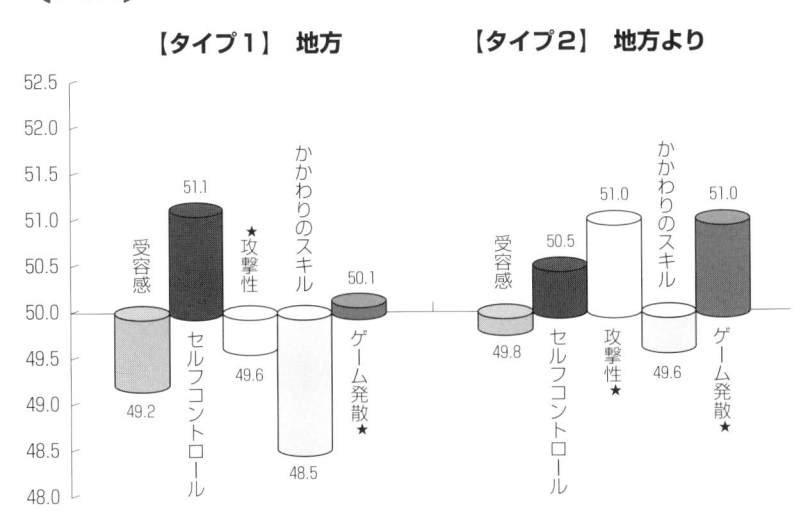

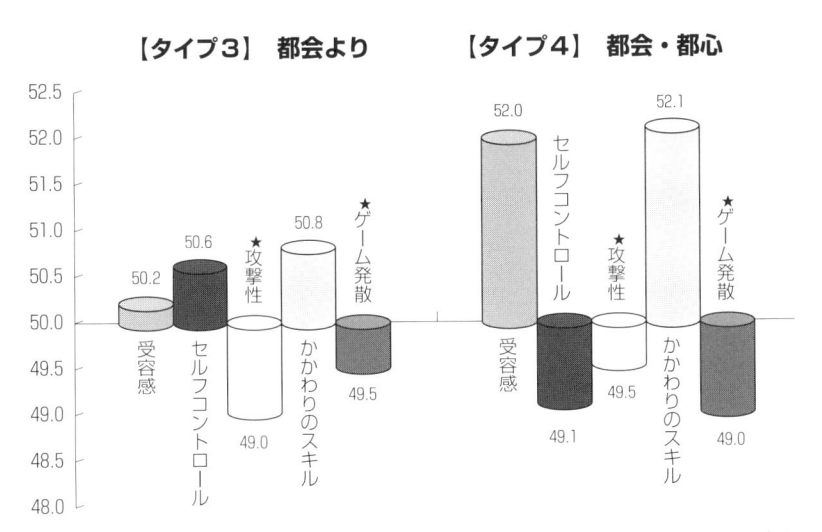

【タイプ1】　地方

- 受容感　49.2
- セルフコントロール　51.1
- 攻撃性★　49.6
- かかわりのスキル　48.5
- ゲーム発散★　50.1

【タイプ2】　地方より

- 受容感　49.8
- セルフコントロール　50.5
- 攻撃性★　49.6
- かかわりのスキル　51.0
- ゲーム発散★　51.0

【タイプ3】　都会より

- 受容感　50.2
- セルフコントロール　50.6
- 攻撃性★　49.0
- かかわりのスキル　50.8
- ゲーム発散★　49.5

【タイプ4】　都会・都心

- 受容感　52.0
- セルフコントロール　49.1
- 攻撃性★　49.5
- かかわりのスキル　49.0
- ゲーム発散★　52.1

平均値を50に換算した偏差値。棒グラフが上に長いほど平均より高く，下に長いほど平均より低い。
★マークをつけた「攻撃性」「ゲーム発散」は低いほうが望ましい。

【タイプ1】 地方

● 子どもたちの実態

　地方と分類した地域の子どもたちは，セルフコントロールが高く，受容感，かかわりのスキルが低いことが大きな特徴です。

　セルフコントロールが高いということは，欲求の抑制の仕方，我慢強さなどが身についているということです。受容感が低いのは，周りからほめられることが少ないのだと思います。子どもはきちんとやっているのに，「ここでは昔からあたりまえにやってきたこと。できて当然だ」と大人は思い，あえてほめようとしない。「おまえは大切な存在なんだ」と親は思っていても「言わなくてもわかっているだろう」と，子どもには口に出して伝えていない……そんな姿が浮かんできます。

　人に積極的に働きかけるときの「かかわりのスキル」が低い背景には，クラスメイトの人数が少ないので，いろいろな人のいる中でも まれるという経験が少なく，なれあいになり，思ったことを遠慮なくストレートに言ってしまう，そんな傾向があるのではないでしょうか。

● 家庭での「始めの一歩」

　この地域の子どもたちは，家庭でのしつけや地域の人々の影響のほか，忍耐強く働いている周りの大人たちにふれることなどによって，セルフコントロールが身についているものと思われます。家庭では，この点を生かしながら，受容感を高めるとよいでしょう。

　いまの子どもは親世代と比べると，弱くもろいものです。ですから，

子どもの努力に対して,「ありがとう」「おまえがいてくれて助かったよ」など,認める言葉がけを意識的にすればいいと思います。

受容感が高まれば,「自分はやればできる」と思う効力感も高まります。すると,持ち前のねばり強さでコツコツ努力し,成功体験を重ねることで,子どもたちは大きく成長していくでしょう。

●「学校で,地域で」の始めの一歩

グラフでは出していませんが,「休みがちな子ども」つまり不登校につながる子どもが,この4つの地域の中で最も少ないのがこの地域です。しかし,例えば,学校で友達とトラブルになり,一度不登校になってしまったら,復帰がなかなかむずかしいのもこの地域の子どもたちです。学級の人数が少ない分,人間関係が狭いので,「こちらがダメなら,あちらのグループ」ということができないのです。

予防・対応策としては,固定された人間関係をほぐす取組みを取り入れること。例えば,複数の学年で一緒に学習を行うなどいろいろな刺激を加えながら,人間関係の煮詰まり感を解消するのです。また,受容感を高めるために,子ども同士,互いに認め合うことの大切さを体験学習に積極的に取り入れていくことも大切でしょう。

この地域は必然的に少人数の学級になりますが,少人数の学級で40人学級と同じ学級経営をしていては,少人数のメリットが生かされません。少人数特有の教育実践の体系づくりが求められます。

いっぽう,子どもたちが,郷土に誇りと愛着を最も感じやすいのがこの地域でもあります。子どもたちが描いた街の地図を駅に掲示してもらうなど,地域と学校が協力して郷土愛をさらに深める活動を多く取り入れるといいと思います。

【タイプ2】「地方より」の地域

● 子どもたちの実態
　この地域の子どもたちは、セルフコントロールはまずまずできているのですが、受容感とかかわりのスキルが低めで、攻撃性が高く、ゲーム発散も高くなっています。

　データとしては掲載していませんが、先生にお願いしたアンケートを地域ごとで集計したところ、先生の目から見て「学校生活のルールにそった行動がむずかしい子」や「友人関係をうまくもてない子」がいちばん多いのもこの地域でした。

　友人関係がもてないという背景には、この地域は人口増加傾向にあり、途中から学校に転入してくる子どもがほかの地域に比べて多いことも一因と思われます。そのような状況の中で、全般的にかかわりのスキルが低くなり、友人関係をうまくもてず、そのため攻撃性が強くなったり、ゲームやネットにのめり込んでストレスを解消しようとする姿が浮き上がってきます。

● 家庭での「始めの一歩」
　受容感を高めるためには、「人からしてもらってうれしかった」という体験だけでなく、「自分がしてあげたことで、家族や地域の人が喜んでくれてうれしかった」という体験を多くさせることが大切です。「自分は愛されている」という思いと同時に、「自分はだれかの役に立っている」という思いがあってこそ、受容感は大きなものになるのです。まずは、家族にとって子どもがかけがえのない存在であり、

それが地域に延長できるかが大切です。

しかし，家族自体が近所づきあいをしていないのであれば，子どもが地域とつながらないのは当然です。もしそうであれば，親御さん自身が一歩踏み出して近所で親しい人をつくること。これが，子どもと地域をつなぐ「始めの一歩」になるでしょう。

●「学校で，地域で」の始めの一歩

『データが語る① 学校の課題』で私は，学級の３タイプについて述べました。ここで簡単に説明します。

「満足型学級」互いに気持ちよく生活できるマナー（ルール）が定着し，さらにふれあいの本音の感情交流（リレーション）がある。
「管理型学級」ルールは定着しているもののリレーションが低い。
「なれあい型学級」リレーションは高く，ルールが定着していない。

子どもの心の発達にとっても，学級経営としても「満足型」がよいのですが，現在，子どもの実態から「なれあい型」が増えています。このような中で管理型学級が多いのが，「地方より」の地域。規律を重んじて教師が統制をする昔多かった指導スタイルがいまも主流という背景には，地域の子どもたちのむずかしい実態に対して，まず強く指導するスタイルをとっている，ということがいえると思います。

ここで，教育関係機関に提言したいのは，教育委員会の予算配分，教師配分は均一でよいのか，ということです。現在，子ども何人に対して何人の教師，と画一的に決められていますが，それに弾力性をもたせてもよいのではないかと私は考えます。35人学級でよいところもあれば，大変なところもあります。子どもたちの情緒の安定度をみて，加配の教師を少し増やすなどの配慮が必要です。何でも画一的に決まっていることが，ほんとうの平等であるとは思えません。

【タイプ3】「都会より」の地域

● 子どもたちの実態

　受容感，セルフコントロール，かかわりのスキルが高く，攻撃性とゲーム発散が低い，総じて「都会より」の子どもたちは安定傾向にあるといえるでしょう。

　しかし，地域とのつながりはもちづらく，子どもたちの受容感も周りの限られた人からの認められ感で高まっているものと推測します。

● 家庭での「始めの一歩」

　20数年前からベッドタウン化しているような地域の場合，親自身もその土地に新しく入ってきた人たちでしょう。地元への愛着はあまりわかない，という人も多いと思います。そんな方におすすめしたいのは，散歩です。できれば子どもと一緒にゆっくり街を歩いてみるといいでしょう。いろいろな発見があると思います。

　私も「都会より」に住む一人です。なかなか土地に愛着がもてずにいましたが，あるとき娘が教えてくれました。「お父さん知ってる？あそこの角にあるお地蔵さん，季節ごとに服がかわるんだよ」。娘が近所でいろいろ調べたところ，近くに住むおばあさんが着せかえていることがわかりました。お孫さんを亡くされた方だと知った娘は，お地蔵さんの近くにゴミが落ちていたり汚れているのを見つければ掃除をしています。

　新興住宅地といえども，街には住む人々の多くのドラマがあります。そんなドラマをじかに感じることで，地元に対する愛情がわいて

くるものかもしれません。

「都会より」や「都会・都心」に住む人々は，自分の住む場所を「心のふるさと」と感じることがむずかしいと思います。

しかし，いまここで育っている子どもたちにとって，子ども時代を過ごす場所が心のふるさと，心のよりどころになることは，青年期以降のアイデンティティを形成するのに，とても大事なことだと思うのです。挫折したとき，悲しいことがあったとき，ふと戻ってきてあたたかい気持ちになれる場所……。そんな「自分にとって大切な場所」が，都会や都会よりに住む人々にこそ必要だと思うのです。

ですから，子どもたちには，自分の住む地域でたくさん思い出をつくってあげてほしいと思います。

●「学校で，地域で」の始めの一歩

定年退職した私の父は，犬の散歩中に近所の小学校の関係者に声をかけられ，子どもたちの下校を見守るボランティアをしています。これは，子どもの下校を監視するという感じではなく，下校時間に合わせて，近隣の人たちが犬の散歩をしながら子どもたちを見守る，という自然な形で行われています。

犬の散歩をしながら地域へ貢献できるというのは，高齢者の生きがいにもつながるでしょう。ほかに，地域や学校で高齢者が自分の半生を語るなど，子どもたちとのふれあいの場を設けるのもいいでしょう。

団塊世代の一斉退職によって，「ヤング・シニア」が世の中に増えるにあたり，地域・学校と退職者が協力して行う，こうした取組みがさらに広がればと思います。

【タイプ4】 都会・都心

◯ 子どもたちの実態

「タイプ1・地方」と逆の性質を示しています。受容感は高いのですが、セルフコントロールが身についていない子どもが多いのが特徴です。周りの人から認められているという思いはあるのですが、忍耐力など我慢する力が足りていません。

これは、系統的なセルフコントロールの体験学習が不足していると考えられます。都会の子どもたちは、とにかく忙しい。塾のかけもちをして、時間どおりに動いている子どもたちは、知識の暗記はできても、「ぼくはここが弱いから、これとこれを重点的にやろう」といった、自分で考え自分で行動するという機会が少ないため、大事なセルフコントロールが育っていない、そんな印象をもちます。また、コンビニやファストフード店が身近にある便利な都会生活は、セルフコントロールを高める環境ではないといえるかもしれません。

◯ 家庭での「始めの一歩」

小さいころから、自発的な行動を身につけさせることが大切です。自分で起きて、寝る時間になったら自分でベッドへ行くという習慣をつけること。お手伝いに関しても、塾や習い事で忙しいからといって免除するのではなく、「家族の一員であるあなたにはこの仕事をしてもらう」と役割をもたせるのです。

都会は情報が多く、また習い事なども多数あり、その分、選択肢が多くあります。子どもは、習い事でもスポーツでも、何かを継続的に

行い，セルフコントロールを養っていくことが大切だと思います。親は，子どもがそうした選択肢の中でつまみ食いにならないよう，見守っていくことも大切でしょう。

都会では，地域との交流が少ないのが現状です。広報誌などを見て，「川を守る会」「星を見る会」などに参加してみるのも一つの方法ですが，あえて地域の活動にこだわらず，趣味のサークルなどに参加してネットワークを広げていくのもいいと思います。

これは私の推測になりますが，子どもたちの受容感が高いといっても，保護者や限られた友達との関係の中での受容感だと思うのです。ですから，だれかに認められなくなったとき，ポッキリと折れてしまう危うさを含んでいるのではないでしょうか。

ですから，家族以外のさまざまな人とつながりをもつことは，いろいろな人が自分の存在を認めてくれることになり，ほんとうの意味での受容感を育むことにつながると思います。

●「学校で，地域で」の始めの一歩

学校や幼稚園・保育園のバザーなども各家庭と地域を結ぶネットワークづくりに貢献します。私も子どもが幼いころ，保育園のバザーのお手伝いで，近所で不必要な品を集めるお手伝いをしたことがあります。そのとき，年輩の園長先生にこう言われました。「バザーではお金はもうからなくていいのです。保護者と地域の方が顔を合わせることが大切なのです」と。

「都会」あるいは「都会より」の地域は，まず何かをきっかけに個々のつながりをつくり，そこから地域につなげていく，という取組みが必要になると思います。それも随時，特定の目的で集まった人々から始めるというのが無理がないのではないでしょうか。

終章 子どもたちの現在 学校・家庭のこれから

　最後に,『データが語る』シリーズ全3巻を通じてわかる,いま教育や子どもたちに必要なことをまとめておきたいと思います。

いじめの発生は学級状態と関係する

　第1巻にあたる『データが語る①　学校の課題』では,学校現場で問題になっている「いじめ」と「学力」の問題に目を向けました。
　いじめに関するデータからは,「加害者－被害者」という二者の問題というよりも,学級という閉鎖集団で子どもたちのいびつなかかわり合いから生じるストレス,それが特定の子どもに向けられている側面が大きいことがわかりました。つまり,一つ一つの学級集団の状態によっていじめの発生率は大きく異なり,いじめが多発する学級集団の状態があるということです。
　したがって学校では,学級集団の状態を把握することが,いじめ問題の対策としてまず必要なのです。それとともに,学級に集った子どもたちの実態に基づいて,子ども同士が建設的にかかわり合えて,学

び合いが生まれるように，学級を集団として育成していくことが切に求められるのです。

学級状態は学力にも影響する

この結果は学力の問題にもあてはまりました。学級集団の状態によって，子どもたちの学力の定着度は異なるのです。つまり，子どもたちの学力が定着しにくい学級集団の状態がある，ということです。

日本の学校は，学級という集団を単位として，授業や活動が展開されるので，学習環境としての学級集団の状態が，極めて大きな影響を与えることを強く認識することが必要でしょう。

教育改革の議論では「どのような内容を，どのくらいの時間学習させるのか」を中心に話されています。たしかにそれは大事ですが，「その学習はどのような学習環境で，どのような方法でなされなければならないのか」という視点が欠けてしまっては，学力の向上はままならないのです。

学び合い・かかわり合いのある集団を育てるために

「学級集団のあり方」は，子どもたちの心の育成や学力の育成に，人々が思っている以上に，大きな影響を与えているのです。だからいまの教育問題の背景には，学級経営が十分に行われず，子ども同士の建設的なかかわり合い・学び合いがない学級集団が多くなっていることがあると指摘したいと思います。

ではなぜ，子ども同士の建設的なかかわり合い・学び合いがない学級集団が増えてしまったのでしょう。

教師たちの個人的な指導力を問題視する考え方もあるでしょう。しかしそれでは現実の学校現場をとらえきれていないと思います。親から「学校には行くものだ」「先生の言うことは聞かなくてはならない」「嫌いでも勉強はしなくてはならない」「勉強して高い学歴を得ることが将来の幸福につながる」としつけられ，そう考える子どもたちが集まっていた1980年代までと現在の状況は大きく違っているのです。1991年の「すべての子どもが不登校になる可能性がある」という旧文部省の発表は，そのような実態を明確化したものだと思われます。

　したがって，現在の子どもたちに対する教育のあり方を考えるためには，かつてとは違う子どもたちの実態を適切に押さえなければなりません。子どもたちの実態と教師たちが行っている対応との間に，ミスマッチを生じさせないことが大切なのです。

現代の子どもたちの問題点とは

　こうした問題意識で，第2巻では子どもたちの実態を分析しました。その結果，次の5つの深刻な問題点がみえてきました。
　①基本的生活習慣を自ら身につけている子どもが3割を切っている
　②「6人以上の友達がいて，中集団で活動できる」と考えられる子どもが3割を切っている
　③身近な小グループの友達には気を遣うが，それよりも心理的距離が遠い相手には，気を遣う意識が急低下する
　④小グループの友達には気を遣うが，表面的なかかわりしかしていない
　⑤学校などで集団生活ができる程度に社会性が育っていない状態の子どもが2割程度いる

終章　子どもたちの現在，学校・家庭のこれから

　こういう子どもたちが教室に30～40人集まったとき，子どもたちが積極的にかかわり合って，いろいろな行事や学級全体の活動をすることがむずかしいことが容易に想像できます。もちろんこれには授業も入ってくるのです。

▍心の育成と学力の向上を支える心理・社会的発達

　学校教育での成長が期待される子どもたちの心理・社会的特性には，効力感，セルフコントロール，対人積極性，向社会性があります。その線上に，建設的なストレス対処法を含む，ソーシャルスキルが考えられます。これらと一定の学力をトータルで身につけさせることが，学校教育の使命です（118ページの図）。

　そのために学級は，子どもたちを自立した社会人として育成していくための擬似的な社会として機能します。前記のような特色のある子どもが集まっている学級での生活体験や活動体験は，子どもたちの心理・社会的特性の育成につながっていかないでしょう。

　このような実態を前提に，学校教育のあり方を考えていかなければなりません。

　例えば，規範意識が低いからといって，急に規範を説いて聞かせたり，ボランティア活動に10時間取り組ませたりしても，簡単に内在化していくものではないことに目を向ける必要があるのです。規範意識を高めるような取組みも，日々の生活の中で育まれる心理・社会的特性とあいまって行われなければ，木に竹を接いだようになり，労多くして実りが少ないものになってしまいます。

　そうしないためには，現状の子どもたちの心理・社会的特性のレベルに準じて，無理のないレベルから段階的，継続的に取り組む必要が

子どもの成長と心の育成

```
                    社 会 人
                  ↑    ↑    ↑
学  学
校  校        学習意欲  友人関係  向社会性
                   形成意欲
地              ↑      ↑      ↑
域             効力感  セルフコン  対人    ← ソーシャル
                     トロール  積極性   → スキル
                  ↑    ↑    ↑
   家              基本的生活習慣
   庭           (家族とのかかわりとともに)
                      ↑
                    受 容 感
```

『データが語る①②③』の結果を通じて形成されてきた著者のイメージを図にした。下に位置するものが十分に育たないままで上位のものを育てようとしても無理がある。

受容感
周りの人から，どれだけ自分の存在が受け入れられているかを感じている程度。

基本的生活習慣
早寝，早起き，朝ご飯など，リズムのある生活を自然に送れるようになること。

効力感
ものごとに挑戦するときの「うまくいきそうだ」「きっとできる」といった実感や自信。

セルフコントロール
欲求を自分でコントロールして抑えたり，がんばったりできる力。我慢強さ，忍耐強さ，欲求不満耐性。

対人積極性
自分の思いを臆することなく人前で伝えたり，自分を表現したいという積極的な気持ちのこと。

向社会性
ほめられる，報酬がもらえるなど，見返りがなくても他人のために自発的につくしたいという気持ち。

あるでしょう。

　ところで前述の心理・社会的特性を身につけさせるためには，子どもたちに受容感を十分に享受させなければなりません。しかし実際には，受容感を十分にもてていると考えられる子どもが，小学校では50％強，中学校では30％強であるというのが現状なのです。

家庭教育でしておきたいこと

　このような子どもたちの状態は，学校教育の取組み以前に，家庭教育で育てておかなければならない部分も重要です。家庭で何をどのように育めばよいのかを，理想論ではなく，実態を踏まえたレベルで考えていく必要があるでしょう。

　本書，第3巻では，期待される心理・社会的特性を身につけ，学習意欲も高い子どもたちは，どのような家庭に育っているのかを分析することで，家庭教育で最低限行わなければならないことを明らかにしました。すると以下のようなことがわかってきました。

①「両親は自分をかけがえのない存在であると思ってくれている」「つらいことがあったら最後に親は自分を助けてくれる」という思い，などの受容感を与える。相談しやすい関係を形成する。

②豊富なコミュニケーションがあり，価値観にふれるような内面的な内容も親子で語り合う。それが子どものモデルになっていく。

③小学生までに基本的な生活習慣をしっかり身につけさせ，中学生からは徐々に本人に任せるような段階的な対応をする。あいさつ，寝起きなどの自立を進める。

④子どもの友達の親とも顔見知りになり，子育てを広い視点でとらえて行う。

⑤親も子どもと一緒に地域の活動にも参加して楽しむ。このような体験を数多くさせ，親がやっている姿を見せながら子どもたちに人とのかかわり方を身につけさせる。あいさつなど，ソーシャルスキルの面で。

　上記の5つの点をトータルに行うことが大事です。つまり，第2巻で取り上げた，子どもたちに身につけさせたい心理・社会的特性，「自己効力感」「セルフコントロール」「対人積極性」「向社会性」「ソーシャルスキル」を，「受容感」を十分に与えながら育んでいくのです（118ページの図を参照）。

　これを家庭では，親子関係の中で十分な受容感を与え，親がモデルを示しながら，自律した生活の仕方，人とのかかわり方，社会での行動の仕方を，無理なく長い時間をかけて励ましながら体験学習させていくのです。

　情報化社会では，たくさんの知識が子どもにも押し寄せます。けれど，等身大の感情ある一人の人間のモデルとしての親の存在や，そのような背景のある養育がとても重要なのです。

おわりに，今後の学校教育に

　私の専門は学校教育を研究し，学校にアドバイスをすることです。最後に学校への提言でシリーズを締めくくりたいと思います。

　まず学校は，子どもたちの対人関係の体験的な学習が従来よりも不足していることを前提にすべきでしょう。

　子どもたちは，自分が傷つく不安があるとき，安全な少人数のグループの友達たちと，相手を気遣いながら，自分を抑え，表面的な話題で生活しています。その状況では，子どもたちに期待される心理・

終章　子どもたちの現在，学校・家庭のこれから

社会的特性は育ちにくいことが示唆されました。さらにそのような子どもたちが集まった学級集団では，子どもたちのいびつなかかわり合いから，いじめをはじめとした，さまざまな問題が生じているのです。

　学校は従来の対応の仕方，学級経営のあり方を大きく変革しなければならない時期にきているのでしょう。しかし，そのような改革的な対応，学級経営の展開が，現状ではまだ進んでいないのが実情です。

　子どもたちの実態をしっかり押さえ，その実態に適した教育方法や展開が，今後強く求められると思います。「どのような内容をどのくらいの時間学習させるのか」という議論も大事ですが，同じくらいに「その学習はどのような学習環境で，どのような方法でなされなければならないのか」を学校現場は緊急に考えなければならないのです。

　効果が確認された教育実践の方法を広く全国から集め，それを整理して体系化することが切に求められます。この 3 巻に渡るシリーズが，そのようなムーブメントの契機の一つになれば幸いです。

あとがき

　私は仕事柄，多くの大学生たちと話す機会があります。そのとき感じるのは，大学生といっても実にさまざまだということです。
　将来の目標もほぼ定まり，それに向けて着実に自ら勉強し，サークルなどにも積極的に参加して多くの友人をもち，アルバイトも適度に行い大学生活を充実させ，就職も良好な「充実群」と呼べる大学生。
　友人もほとんどできず，サークルにも参加できずに孤立して，講義にも大学にも来なくなっていく「不適応群」の大学生。近年このタイプの大学生がとても多くなり，各大学もその対応に苦心しています。
　また，学業には身が入らずアルバイトに精を出して，お金をためて男女交際や遊びに熱中していたり，サークル活動だけ楽しんでいる「本業逸脱群」の大学生たちもいます。
　そして，講義にはきちんと出てくるのですが，大学に友人がとても少なく，大学と自宅・アパートを往復だけしているような「孤高群」の大学生もいます。ディスカッションが入る講義を苦手とし，コンビニ弁当をキャンパスの片隅で一人で食べているタイプです。成績がよくても面接試験が不得意で就職率はいまひとつ，就職しても職場の対人関係の問題で早期退職してしまう場合も多く，そのときの状況がトラウマになってしまってニートになってしまう可能性もあります。
　シリーズ第2巻の，学習意欲と友人関係の形成意欲の4タイプでみると，「充実群」の大学生は両立タイプ，「本業逸脱群」の大学生は友人関係偏りタイプ，「孤高群」の大学生は学習偏りタイプ，「不適応群」の大学生は意欲喪失タイプの子どもたちの将来像に見えてきます。

大学進学は，小中学校に通う子どもをもつ保護者にとっては，当面の目標点になると思います。しかし，これからは大学進学を目標に子育てする時代から，社会人になるところまでを視野に入れて，自ら学習するスタイルと，人とかかわったり組織の中で自分らしく行動できるようなソーシャルスキルが身につくように，義務教育段階のうちにその下地・基礎固めができる養育が求められると思います。

　ついては，大きな教育政策を議論する会議には，各業界の名士や学者だけではなく，子どもと近い位置で日々かかわっている人々の代表を，一定数参加させてほしいと思います。そうでなければ，でてきた政策が，とても立派な「絵に描いた餅」になってしまうと思うのです。

　わが子の健全な成長を願わない親はいないでしょう。好きで選んで教師になった人が，子どもたちを愛さないことは少ないでしょう。ただ，そういう思いから出る「かかわり」が，親や教師の期待どおりの結果を生むというわけではありません。

　信じて見守る段階のとき，遠まわしにヒントを与えるだけでいいとき，毅然と叱責してじっくり考えさせることが大事なときなど，対応はいろいろです。現在の子どもの状態を，しっかり見極める余裕が必要だと思います。その子どもに対する叱責が，しかっているのか，単に自分が怒っているのかを，冷静に考える余裕がまず必要なのです。

　そして，家庭でも学級でも，子どもに対して受容感があることがとても重要であるという結果が，あらためて示されました。聞き取り調査をしていくと，受容感のある家庭や学級は，無邪気な笑いが多い，親も子どもも家庭をあたたかく感じている，教師も子どもも学級が大好き，という共通点がありました。親や教師が，家庭や学級に素直に和めないと感じたら，そこから考えていかなければならないのだと思

います。子どものために自分ががまんして，子どもに好かれたいから叱責も控えめにして，というような裏面交流は，すぐに子どもたちに透けて見え,違うメッセージとして伝わってしまうのかもしれません。

　小学校から大学まで，各段階の教育現場にかかわり，状況を観察したり，データをとって分析したり，先生方と一緒に研究会をしたりしている私です。さぞかし，立派な子育てをしているでしょうと言われると，かなり赤面してしまいます。わが子の問題になったら，ただの一人の親なのだと実感します。

　先日，久しぶりに私の父と2人で寿司屋に行きました。そのとき，昭和一桁生まれの頑固な父に，子育てのグチを言ってしまいました。そうしたら，「子どもは言ったことはやらないが，親がやっていることはまねをする」「多少のいい悪いはあっても大事に育てたのなら，あとは信じて長い目で見ていくしかない」「おまえも私の言うことを，ほとんど聞かなかっただろう」と笑われてしまいました。

　日々忙しく動いている親や教師を，子どもたちは身近でいろいろ考え感じ取りながら，じっと見ているのだと思います。そう考えると，親や教師は，日々自分の生き方を問われているのだなと思います。

　子育ては結局，親自身が，教師自身が，自分なりにより充実した人生を送っていこうという生き方の中にあるのかなと思います。むずかしいです。でも自分が無理なくできる範囲から，自分の思い，価値観を飾らずに語るところから，子どもに接していきたいと思っています。子どもたちを信じて。

　2007年春　新入生の歓声と満開の桜につつまれたキャンパスにて

河村　茂雄

■引用・参考文献

- 河村茂雄・國分康孝　1996「教師にみられる管理意識と児童の学級適応感との関係についての調査研究」『カウンセリング研究』29, 55-59.
- 國分康孝・河村茂雄編著 1996『学級の育て方・生かし方』金子書房
- 河村茂雄　1999『学級崩壊に学ぶ』誠信書房
- 河村茂雄　2000『学級崩壊　予防・回復マニュアル』図書文化
- 河村茂雄編著　2001『グループ体験によるタイプ別学級育成プログラム　小学校編・中学校編』図書文化
- 河村茂雄　2002『教師のためのソーシャル・スキル』誠信書房
- 河村茂雄編　2003『"人間関係づくり"スタートブック』教育開発研究所
- 河村茂雄 2003『教師力　上・下』誠信書房
- 河村茂雄他編 2004『Q-Uによる学級経営スーパーバイズ・ガイド　小学校編・中学校編・高等学校編』図書文化
- 河村茂雄他編　2004『授業スキル　小学校編・中学校編』図書文化
- 河村茂雄編著　2005『ここがポイント　学級担任の特別支援教育』図書文化
- 河村茂雄編　2006『集団を育てる学級づくり12か月』図書文化
- 河村茂雄 2006『学級づくりのためのQ-U入門』図書文化
- 河村茂雄編　2006『Q-Uによる特別支援教育を充実させる学級経営』図書文化
- 河村茂雄　2006『学級経営に生かすカウンセリングワークブック』金子書房
- 河村茂雄　2007『データが語る①　学校の課題』図書文化
- 河村茂雄　2007『データが語る②　子どもの実態』図書文化

著者紹介

河村　茂雄　かわむら・しげお

都留文科大学大学院教授。博士（心理学）。筑波大学大学院教育研究科カウンセリング専攻修了。公立学校教諭・教育相談員を経験し，東京農工大学講師，岩手大学助教授を経て，現職。日本教育カウンセリング協会評議員，日本カウンセリング学会常任理事。教育カウンセリング学会常任理事。論理療法，構成的グループエンカウンター，ソーシャルスキルトレーニング，教師のリーダーシップと学級経営について研究を続ける。とくに，児童生徒の心理・社会的発達支援の重要な領域を担う学級経営の中に，教師の高い専門性が求められ，その専門性の認識と絶え間ない研鑽に裏打ちされた力量の高さが，教育の専門家として，教師が自他共に認められる道だと信ずる。「教育実践に生かせる研究，研究成果に基づく知見の発信」がモットー。著書：『若い教師の悩みに答える本』（学陽書房），『教師のためのソーシャル・スキル』『教師力』『変化に直面した教師たち』（誠信書房），『学級崩壊予防・回復マニュアル』『ここがポイント学級担任の特別支援教育』（図書文化）ほか多数。

分析協力

武蔵　由佳　むさし・ゆか　都留文科大学講師

データ収集・整理協力

粕谷　貴志　かすや・たかし　都留文科大学講師

都留文科大学大学院文学研究科臨床教育実践学コース（心理学専攻）のみなさん

データが語る③　家庭・地域の課題

2007年6月10日　初版第一刷発行 ［検印省略］
2010年9月20日　初版第四刷発行

著　者	河村茂雄Ⓒ
発行者	村主典英
発行所	株式会社 図書文化社
	〒112-0012　東京都文京区大塚3-2-1
	Tel 03-3943-2511　Fax 03-3943-2519
	振替　00160-7-67697
	http://www.toshobunka.co.jp/
装　幀	本永惠子・デザイン室
イラスト	三輪一雄
ＤＴＰ	松澤印刷株式会社
印　刷	株式会社 厚徳社
製　本	合資会社 村上製本所

Ⓡ 本書の全部または一部を無断で複写複製（コピー）することは，著作権法上での例外を除き禁じられています。本書からの複写を希望される場合は，日本複写権センター（03-3401-2382）にご連絡ください。

乱丁・落丁本はお取り替えいたします。
定価はカバーに表示してあります。
ISBN 978-4-8100-7501-4 C3337

河村 茂雄の本

学級づくりのための Q－U入門
河村茂雄 著　●本体 1,200 円
不登校・学級崩壊を予防するテストの活用ガイド

グループ体験による
タイプ別！学級育成プログラム　小学校編・中学校編
河村茂雄 編著　●本体 各2,300 円
ソーシャルスキルとエンカウンターを統合して行う，ふれあいとルールのある学級づくり．

学級崩壊 予防・回復マニュアル
河村茂雄 著　●本体 2,300 円
「学級の荒れ」のタイプと段階に応じる，診断・回復プログラム・実行のシナリオ．

ここがポイント 学級担任の特別支援教育
河村茂雄編著　●本体 2,200 円
学級状態×個別支援の必要な子どもで導き出される「個と全体に配慮した教室運営」の方針．

Q－Uによる学級経営スーパーバイズガイド　小学校編・中学校編・高等学校編
河村茂雄 ほか編　●本体 3,000～3,500 円
学級を診断し，学級経営の方針とプログラムを立てるための実践例とアイデア．

授業スキル　小学校編・中学校編
河村茂雄 ほか編著　●本体 各2,300 円
心理学の手法を生かして子どもの感じ方や考え方をとらえ，授業を自在に組み立て，展開する考え方と実例．

Q－Uによる 特別支援教育を充実させる学級経営
河村茂雄 著　●本体 各2,200 円
通常学級で行う特別支援教育のポイントをイラスト入りで易しく解説．

学級タイプ別 繰り返し学習のアイデア　小学校編・中学校編
河村茂雄・上條晴夫 編集　●本体 各2,000 円
学級のタイプ別に行う，漢字・計算・音読（中学では英単語）の指導プラン24．

図でわかる 教職スキルアップシリーズ②
集団を育てる学級づくり12か月
河村茂雄 編集　●本体 各1,800 円
集団の輪を広げて学級づくりを行うために教師が1年をかけて行う，日常の具体策とその理論．

図書文化

※定価には別途消費税がかかります